Couverture inférieure manquante

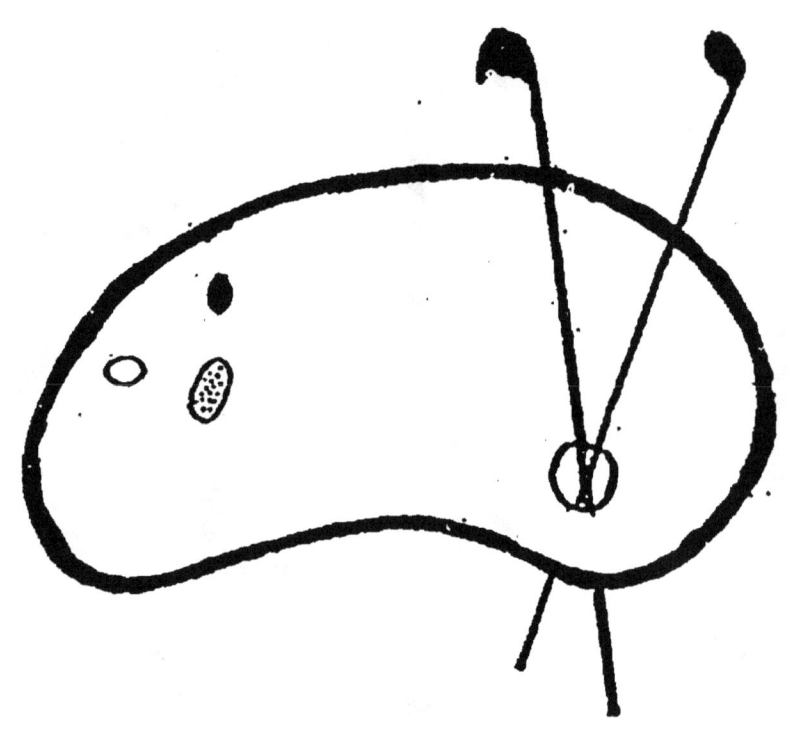

DEBUT D'UNE SERIE DE DOCUMENTS
EN COULEUR

VOIE
DE LA
SCIENCE DIVINE

OUVRAGE CRITIQUE ET PHILOSOPHIQUE

OÙ LE CHRISTIANISME
DANS SES RAPPORTS AVEC LA NATURE, EST AFFERMI
SUR SES BASES
ET LE MATÉRIALISME REFOULÉ DANS SON IGNORANCE

PAR L. DIGOUT

> Une ville située sur une montagne ne peut être cachée.
> Et on n'allume point une lampe pour la mettre sous le boisseau, mais on la met sur un candélabre, afin qu'elle éclaire tous ceux qui sont dans la maison.
> (Matth., V, 14 et 15).

DAMMARTIN
E. LEMARIÉ, LIBRAIRE-ÉDITEUR

1887

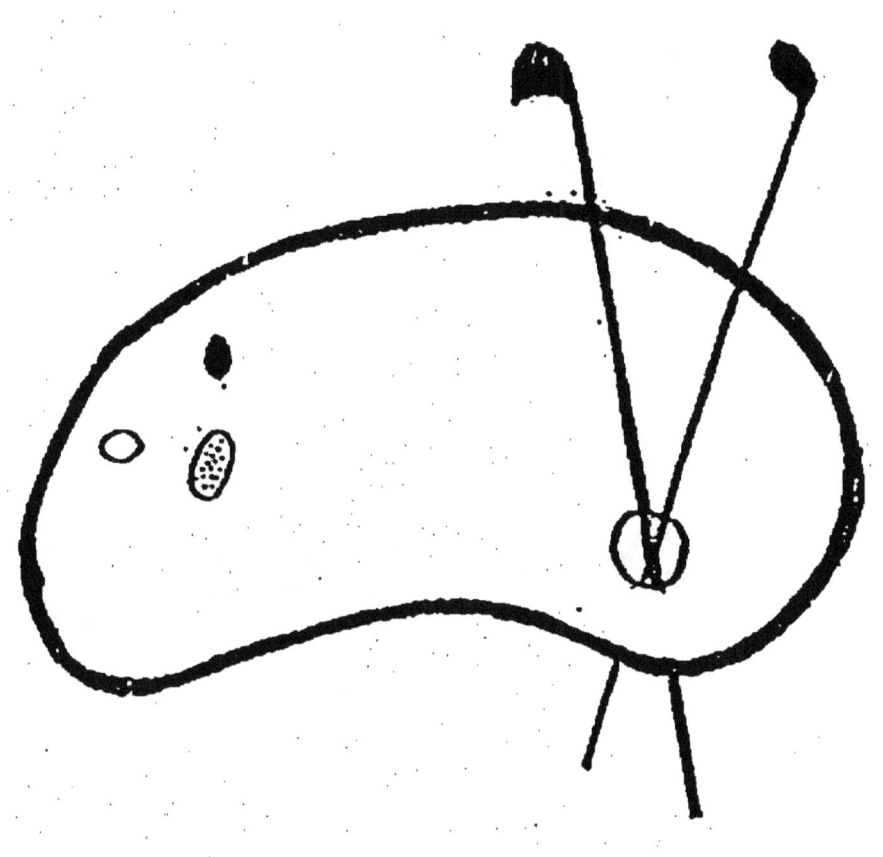

FIN D'UNE SERIE DE DOCUMENTS
EN COULEUR

VOIE

DE LA

SCIENCE DIVINE

VOIE
DE LA
SCIENCE DIVINE

OUVRAGE CRITIQUE ET PHILOSOPHIQUE

OÙ LE CHRISTIANISME
DANS SES RAPPORTS AVEC LA NATURE, EST AFFERMI
SUR SES BASES
ET LE MATÉRIALISME REFOULÉ DANS SON IGNORANCE

Par L. DIGOUT

> Une ville située sur une montagne ne peut être cachée.
> Et on n'allume point une lampe pour la mettre sous le boisseau, mais on la met sur un candélabre, afin qu'elle éclaire tous ceux qui sont dans la maison.
> (Matth., V, 14 et 15).

DAMMARTIN
E. LEMARIÉ, LIBRAIRE-ÉDITEUR
—
1887

PRÉFACE

En écrivant cet ouvrage, notre but n'a pas été de produire un travail littéraire, ce qui eût surpassé de beaucoup nos moyens. Les sujets que nous exposons sont liés à un calcul autre que celui de captiver l'attention par un étalage de belles phrases, employées presque toujours pour dorer des fantaisies, ou pour faire du pathétique sans lumière.

Combattre le matérialisme qui, actuellement, lève une tête audacieuse, comme si toute victoire lui était assurée; rendre indéniable la religion de Jésus-Christ et sa nécessité; montrer comment elle est la seule vraie, et pourquoi il ne peut pas y en avoir d'autre : voilà ce qui nous a tenu particulièrement à cœur.

Nous faisons néanmoins le plus grand cas des classiques, et ne nous lassons pas d'en admirer les œuvres; mais celles surtout dont une brillante élocution est attachée à un esprit et à des maximes qui peuvent maintenir l'homme au-dessus de ses funestes penchants, le détourner de ses futilités et le fixer dans la voie du bien et des croyances qui le distingue de la brute.

Notre livre, conçu en vue de ce seul objet, n'est qu'un essai simplement démonstratif; et, nous le déclarons, il contient des acerbités sans lesquelles il nous eût été impossible de rendre, dans toute son amertume, la pénible impression que nous font ressentir la mauvaise foi, le libertinage, les scandales, les calomnies, les abominations de tous genres, auxquels l'homme, en poursuivant sa carrière, s'abandonne sciemment, sans respirer à peine autre chose que cette atmosphère d'illusions et de putréfaction, qui semble être une pâture indispensable aux appétits de sa vie terrestre.

Cependant, si nous nous livrons en toute franchise pour accuser ces monstruosités qui entachent plus ou moins les différents degrés de l'échelle sociale; si nous signalons leurs résultats, *leurs suites malheureuses;* nous pronons aussi le soin de faire comprendre combien la loi divine, cette règle de conduite gravée dans le cœur humain, et profanée par tant d'infidélités, deviendrait, si elle était suivie, un centre d'attraction des plus grandes lumières, des plus rares vertus; et ferait naître parmi les hommes une affection et une serviabilité, qui établiraient entre eux des relations foncièrement honnêtes, accompagnées d'une paix universelle, solide et durable.

Cette entreprise de présenter, sans redites fréquentes, des enseignements si souvent répétés, eût été laborieuse, si, dans de longues études, nous n'eussions recueilli assez de connaissance de la vérité, pour pouvoir la mettre en vue sous un aspect que, sans doute, on trouvera peu ordinaire; et qui contribuera peut-être à la faire goûter, et à rendre plus facile et plus ferme l'avancement d'une partie de ceux pleins de bon vouloir, entre les mains de qui pourra tomber notre écrit.

Nous sommes loin de donner la SCIENCE DIVINE dans ses immenses développements; il faut laisser à qui veut parvenir, le mérite d'un peu de travail. Nous n'indiquons que les éléments de cette science; ou n'en faisons qu'une esquisse, dont les articles seront complétés, si on le désire, par la lecture de livres spéciaux.

Pourtant, malgré la brièveté dans laquelle s'est entretenue notre intention, nous nous arrêtons assez longuement sur les points essentiels que nous traitons. Nous rendons au Christianisme tout son relief. Nous déroulons la chaine de ses grandeurs. Nous le tirons de cette *Babel* d'opinions vaines où les controverses l'ont plongé; et nous en écartons autant de plis du voile qui dérobe sa lumière. Nous faisons la part du Catholicisme qui n'est pas le Christianisme. Nous montrons quelques-unes des analogies qui existent entre ce dernier et la nature, tous deux également la manifestation du VERBE, de la parole de Dieu. Nous donnons une idée de ce Verbe dans son union hypostatique avec l'humanité de Jésus-Christ, et de son action aussi évidente que la vie chez ceux qui s'appliquent à le connaitre, et qui l'aiment dans ses incomparables qualités, dans ses inexprimables grandeurs. Nous définissons la foi en lui, distinguée de la croyance. Nous abordons la chute de l'homme. Nous effleurons le dogme de la sainte Trinité. Nous parlons du DÉSIR, fond dans lequel s'effectue le rejaillissement de la vie, et d'où partent toutes ses opérations. Nous touchons à la plaie de l'orgueil, cette volupté aveugle, qui vise, dans tous les excès, à la personnalité mondaine. Nous disons quelques mots de LA CROIX, ce grand mystère de la puissance de Dieu. Et en tout, nous suivons pas à pas l'Evangile, pour convaincre que nous avons travaillé sur un plan qui n'est amalgamé d'aucune hypothèse, d'aucun système arbitraire, d'aucune proposition que l'on peut adopter ou délaisser quand on veut.

Enfin, entre autres sujets qui en forment les divisions, notre jugement s'appesantit sur la caste ignorante et présomptueuse des *libres penseurs ;* ennemis de l'homme les plus dangereux ; ennemis ardents, infatigables, qui, par des arguments insidieux, par des feuilles ou des pamphlets sataniques et méprisables, s'efforcent, pour le détourner de sa source divine, de lui inculquer leurs ignobles doctrines, ou de battre en brèche la religion, comptant sur la réussite de la faire oublier un jour, en l'écrasant sous les débris qu'ils voudraient faire de son édifice.

Mais la critique que nous nous permettons, ne s'adresse à qui que ce soit individuellement. Nous respectons tout homme comme homme. C'est l'absence de bon sens chez les sceptiques que nous mettons à jour; et l'esprit de secte, esprit antichrétien, que nous décomposons, pour en analyser et en désigner les subtils et différents mélanges.

Nous nous adressons plus directement aux incrédules, pour leur apprendre que la religion, dans sa lumière et sagement entendue, n'est pas du tout *cette chose* contre laquelle ils ressentent une si vive répugnance.

Des censeurs incompétents ont trouvé que notre ouvrage était un mélange anormal de physique et de piété. Ils n'ont pas compris qu'il faut se mettre au niveau des hommes matériels, pour leur prouver matériellement QU'IL Y A UN DIEU, et qu'à ce Dieu, ils doivent LA VIE, et, par conséquent, le culte du cœur.

C'est ce que nous croyons avoir fait, en rédigeant un ensemble de vérités dans un milieu, où le Christianisme étant allié à la nature, ils se prêtent mutuellement leurs forces, et constituent, sous cette jonction, une science peu répandue, il est vrai, mais sanctionnée par les paraboles et les sens mystiques de toute la Bible. Et, dans cette science, nous avons multiplié des documents qui nous paraissent assez puissants pour soutenir la lutte contre le matérialisme, quelque impérieux qu'il soit.

Si ce thème intéresse le lecteur, si l'incrédule, en le méditant, y trouve une logique persuasive contre ses dénégations ; si nous gagnons sa sympathie en l'éclairant sur le vrai et le faux de toutes les doctrines, en lui aplanissant la difficulté de ne pas s'y méprendre, et en le mettant à même de découvrir *le champ des richesses sublimes ;* il ne nous restera plus qu'à former des vœux pour qu'il retire les meilleurs fruits de ces avantages, et que, prudemment, il veuille bien en faire part, non aux évaporés qui ne sauraient les apprécier et les fouleraient aux pieds ; mais aux hommes studieux, réfléchis, et chez qui une perspicacité assez grande nourrit la croyance *à un Être suprême, à une Cause première, immuable, éternelle de la vie,* et à la recherche, à l'amour ainsi qu'à la reconnaissance que nous lui devons tous, pour les dons que cette Cause écoule en nous.

VOIE

DE LA

SCIENCE DIVINE

I

Dans le siècle que nous traversons, siècle de lumière, où cependant LA SCIENCE DIVINE, réflecteur de la haute lumière, ne présente plus qu'une surface ternie par les couches ténébreuses dont l'ont recouverte la fausse érudition et la discorde qui divisent la chrétienté ! Dans ce siècle où les sciences laïques, moins rebelles à s'ajuster à toutes libertés, ont exclusivement obtenu l'estime des savants et les suffrages des gens du monde ; nous regardons comme un devoir de déblayer le Christianisme des erreurs dont on l'a entouré, ou des fausses ententes qui en ont amené l'abandon chez la multitude ; afin de l'exposer sous un jour assez juste et assez attrayant, pour lui faire retrouver place dans l'esprit des hommes sérieux.

Ceux parmi les chrétiens qui savent ce que devrait être la religion, et qui ne la bornent pas à des pratiques purement extérieures, trouveront également là des instructions qui pourront les diriger vers le sanctuaire *d'une science* dans laquelle sont ancrés l'esprit, la lumière, l'amour et la vie divine.

Mais les chrétiens désireux de ce genre d'études sont rares malheureusement ! Il y en a peu qui s'intéressent assez à cette lumière dont ils devraient être éclairés, pour prendre part au bon office que notre ouvrage serait en mesure de leur rendre. Il y en a peu qui sentent toute la misère de l'homme, dans l'ignorance de ce qui constitue son vrai bien, l'abîme dans lequel il est plongé, et qui, pour en sortir ou n'y pas tomber, sont prêts à suivre Jésus-Christ dans son mystère et à lui rendre le culte intérieur proclamé dans l'Ancien et le Nouveau Testaments !... Ces chrétiens sont clairsemés ; et on aurait lieu de supposer que le nom de chrétien suffit à la masse, qui abjure de ce titre l'étendue de progrès qu'il comporte.

La légèreté de caractère, qui fait que le temps, en dehors du travail, n'est rempli que par de folles distractions; les préjugés que l'on se crée sur la religion ; l'indifférence par laquelle on outrage l'Évangile qu'on néglige comme une histoire surannée, ou qu'on lit sans goût, sans méditation, sans y chercher l'onction divine, la nourriture de l'âme, cachée sous la lettre qui tue, qui pousse au fanatisme, aux interprétations diverses dont s'autorisent les sectes religieuses, si on ne s'attache qu'à son écorce. Tout cela, pour les chrétiens, est une entrave à la lumière ; aussi, à les étudier, on croirait que la parole de Jésus-Christ, dans son esprit et dans sa vertu, ne constitue pas l'efficacité de la religion, et qu'avant tout et au-dessus de tout, il faut des choses palpables, des choses *que l'on voit, que l'on entend ;* comme aux israélites à qui une loi et des cérémonies étaient devenues indispensables, parce que l'éloignement du Dieu invisible où les tenait la grossièreté de leurs cœurs ne leur permettait pas de se former de lui une idée assez haute, pour s'élever par elle aux sentiments d'un culte plus en rapport avec la vie.

Les chrétiens, malgré la prépondérance qu'ils ont sur les juifs, semblent vouloir les imiter. Pour eux aussi, les lois de l'Église et son culte sont le point capital, le point essentiel ; ils l'observent dans tout ce qu'il a de superficiel, et ils n'arrivent jamais aux fins que nous propose l'Église elle-même : *la spiritualité de l'âme et sa sanctification.*

Ils devraient remarquer que les pratiques qu'ils trouvent suffisantes n'inspirent pas toujours l'humilité et l'amour que Jésus-Christ a eus en vue ; et que souvent, elles tiennent l'homme éloigné de ces bonnes dispositions, en le laissant sous le joug de ses passions, ou en le berçant dans la sérénité d'une aveugle confiance.

Combien n'y en a-t-il pas qui se conforment aux usages de l'Église, sur lesquels ils basent leur sécurité ; et dont l'avarice, l'ambition, l'injustice, la vanité, etc., sont les détestables leviers de l'existence ?... Combien d'autres vont aux offices, les uns par crainte de l'enfer, les autres par convenance, par intérêt ou ostentation, et d'autres pour cacher leurs désordres, quelquefois leur infamie, sous le masque d'une hypocrite dévotion ?

La dévotion, nous le constatons ici, ne devrait jamais être confondue avec la piété. L'une et l'autre n'ont rien d'analogue. La piété naît dans le cœur; c'est un sentiment vers Dieu, un sentiment qui charme la vie ; et la dévotion est un plan de conduite qui n'a de franchise qu'autant qu'il agit sous l'impulsion de la piété. Aussi les dévots, si leur ferveur n'est motivée que par quelqu'une des raisons citées plus haut, ne sont que des païens éloignés de Dieu, malgré leurs prières; et des païens que saint Matthieu a regardés comme *la ronce et le sol aride dans lesquels la parole de Dieu s'étouffe, se dessèche ou reste stérile ;* et non comme *la bonne terre où cette parole germe et porte du fruit au centuple* [1].

Et d'où vient cet insuccès, ce manque de fécondité, si ce n'est qu'on ne connaît pas Jésus-Christ et qu'en désertant sa lumière, pour s'attacher trop servilement à des cérémonies qui n'en sont que le

[1] Matthieu, XIII.

prologue ; on reste et on pâtit dans les défectuosités *du vieil homme*, de l'homme pécheur ; parce qu'on ne rencontre rien d'assez vivace, rien d'assez imposant pour captiver le cœur et l'esprit, s'en emparer, et les détourner des illusions et de la corruption ?

Nous nous annonçons d'une manière qui pourrait paraître offensive à bien des personnes dans le cas de se faire l'application de nos paroles. Mais qu'elles ne les prennent pas en mauvaise part, car c'est avec les meilleurs sentiments que nous essayons de fixer leur attention sur des traits qui font tant de méconnaissables parmi les chrétiens, et auxquels nous voudrions faire changer d'aspect en les plaçant devant un miroir accusateur.

Hâtons-nous de prévenir aussi que, par une telle ouverture, nous n'avons nullement l'intention de détourner qui que ce soit DU LIEU SAINT, où on adresse au Seigneur les louanges qui lui sont dues. Non ! le culte a droit à notre plus grand respect. Seulement, n'étant pas le Christianisme, n'étant pas de nature à pénétrer jusqu'au centre de l'homme, à l'émouvoir dans une sainte admiration, et à l'abattre dans sa fausse grandeur, pour le reconstituer au-dessus de lui-même : c'est par ce motif et en vue de nos semblables, que nous nous élevons contre l'enfance perpétuelle et l'attachement opiniâtre qu'ils ont « pour la pompe, les appareils, « les formes et les formules du culte, qui ne sont

« que des dogmes établis sur la loi et les tradi-
« tions, au lieu d'avoir pour base le cœur de
« l'homme. »

« Qui ne sont que le moyen, au lieu d'être le
« terme. »

« Qui n'appartiennent qu'au temps, au lieu
« d'être à l'éternité. »

« Qui n'ont que le témoignage des hommes, au
« lieu d'avoir le témoignage de Dieu. ».

« Qui ne sont que *l'arbre et le corps,* au lieu
« d'être *l'âme et la sève divine,* qui par *son mou-*
« *vement et son ascension,* produit l'effet de sa
« merveilleuse fécondité. »

« Qui nous maintiennent dans une croyance
« étroite et obscure, au lieu de nous élever dans
« la vaste splendeur de la foi. »

« Qui ne sont que l'espérance, au lieu d'être *la*
« *réalité,* au lieu d'être, selon saint Paul, *la sub-*
« *stance même des choses qu'on espère.* »

« Qui, enfin, ne sont que le séminaire du néo-
« phyte, appelé à marcher dans la région sublime
« de la lumière et de la grâce [1]. »

Déjà on peut voir ce que c'est que la religion
judicieusement comprise ; combien elle surpasse
ce que les chrétiens la font ; et ce qu'elle doit opérer dans ceux qui s'en occupent en toute sincérité.

Il est aisé de juger aussi à quelle distance de
ses précieux avantages se trouve le culte livré à

---

[1] Saint-Martin, philosophe célèbre à la fin du xviiie siècle.

son propre pouvoir ; et quel soutien, quelle puissance d'action il faut rencontrer au-dessus de son ministère, pour franchir avec les élans d'une volonté libre et persévérante, la route laborieuse qui conduit au but.

Déjà, on doit sentir *l'œuvre de Dieu,* dont Jésus-Christ, dans son humanité glorifiée, est l'agent comme *médiateur* entre Dieu et la créature ; comme *milieu* qui joint les extrêmes ; comme *moyen* qui lie ce qui était inalliable ; et par qui l'homme entre infailliblement dans sa rédemption.

Il l'a dit ce divin Sauveur : « *Je suis la voie, la vérité et la vie ; sans moi vous ne pouvez rien faire*[1]. »

Et n'est-ce pas lui qui chasse la mort de nos âmes, en y allumant le désir de sa vertu active ? N'est-ce pas lui qui, comme lumière de toutes les vérités spirituelles et divines, dissipe nos ténèbres, et nous ouvre les trésors de sa science et de ses bienfaits ?... Où serait-il donc possible de rencontrer ailleurs qu'en Jésus-Christ, les largesses d'une religion si bien appropriée à nos misères, à nos besoins, et si capable de nous rendre heureux dans toutes les positions où nous pouvons être ?

Si les chrétiens qui n'ont aucun sentiment religieux, voyaient le néant de notre existence sans religion, et sa débilité figurée par celle de la nature dans la saison hivernale ; époque où elle est privée

[1] Jean XIV, 6, et XV, 5.

de la lumière et de la chaleur qui sont les éléments de sa vie, ils chercheraient Jésus-Christ, lumière de Dieu et vie de notre âme; ils le désireraient avec autant d'ardeur qu'on a la nature pour les influences du soleil au retour *du* printemps.

Tous voudraient goûter l'allégresse *du printemps de cette vie divine,* qui répandrait en eux les fleurs de la sagesse et les parfums de la vertu.

Mais les chrétiens, généralement esclaves des apparences, sont peu versés dans les merveilles de l'esprit. Courbés comme les juifs sous l'autorité de la loi, ils ne jouissent pas de *la liberté des enfants de Dieu* [1]; et toujours occupés, comme Marthe, du soin *des apprêts et des cérémonies,* ils arrivent rarement à « *la seule chose nécessaire* », à *la meilleure part que Marie avait choisie* [2] : L'AMOUR POUR SON SAUVEUR, amour en dehors duquel toute religion est vaine, et d'où ressort l'énergie de la vraie prière qui est l'expansion, l'élévation du cœur vers CELUI de qui nous tenons tout, et à qui nous devons jusqu'à la consécration de nous-mêmes.

Religion admirable, aussi grande qu'ignorée! quelle distance entre elle et le culte qui lui sert d'échelon; où tout est voilé, où l'homme reste à l'état de problème, où l'adoration, dans une langue on pourrait dire inconnue, ne s'exhale que du bout

[1] Romains, III, 21.
[2] Luc, x, 41, 42.

des lèvres ; et où les exercices ne sont qu'un prélude, un acheminement interminable aux exhortations du Seigneur, qui pourtant s'est exprimé ainsi : *Le temps vient où les vrais adorateurs adoreront le Père* EN ESPRIT ET EN VÉRITÉ, *car ce sont là ceux que le père cherche. Dieu est esprit et ceux qui l'adorent le doivent adorer en esprit et en vérité* [1]. »

Assurément, la signification de ces paroles ne saurait s'adapter à ce qui concerne l'Église et ses cérémonies.

Si vous connaissiez le don de Dieu, avait-il déjà dit dans son entretien avec la Samaritaine. Ce don, c'est son esprit, c'est sa grâce, c'est sa vie que nous recevons *par une naissance en nous* [2], et qui nous tire de notre somnolence, nous délivre de nos passions, en nous donnant le courage et la force de les dompter ; et nous inspire « L'AMOUR, *ce lien ineffable* QUI UNIT L'HOMME A DIEU [3]. »

---

[1] Jean, IV.
[2] Jean, III, 3.
[3] 1re Épître de saint Jean.

II

Avec les sentiments, quelquefois trop réservés, qu'ont la plupart des chrétiens, ils se disent : « Dieu « est une énigme impénétrable ; c'est un être que « l'on ne connaît pas, que l'on ne comprend pas ; « par quel charme est-il donc possible de s'élever « jusqu'à l'amour, jusqu'à cette faculté si active de « l'âme, pour un objet dont on ne se fait pas la « moindre idée? » Et cet amour, que l'on juge cupide comme celui de la chair, ressemble, en effet, à un débordement de fanatisme religieux.

Voyons, d'après ce que nous apprend le Christianisme, jusqu'à quel point est soutenable le raisonnement de ces chrétiens.

Par la disproportion, l'opposition et l'éloignement qui étaient survenus entre Dieu et l'homme, ce dernier, désorganisé moralement, descendu jusqu'à l'extrême abjection, plongé dans la plus affreuse idolâtrie, ayant, par une conséquence de la chute primitive, comblé la mesure de ses iniquités, et rivé à lui les arrêts de la cédule qui portait son éternelle condamnation ; jamais il n'aurait pu retourner à Dieu, son principe, auquel il ne croyait plus, et qui n'existait plus pour lui. Il fallut donc que Dieu le protégeât de sa miséricorde, et que, dans *la personne* de son VERBE qui avait tout créé, et qui aussi devait tout réparer, il fallut qu'il prît une forme visible, en s'incarnant dans le sein de la plus pure des femmes.

Cette femme, il l'avait préparée à ce mystère, en éloignant de sa conception certains appétits qui ne devaient pas se répandre en elle ; et ce privilège d'être conçue sans péché appartenait exclusivement à celle qui, en dehors de tout contact charnel, était appelée à devenir la MÈRE DU SAUVEUR, dont l'Incarnation n'opposait aucun obstacle A CELUI qui avait tiré du néant l'univers, et créé Adam et Ève en dehors des lois établies, comme devait l'être aussi le Fils de Marie.

Puisqu'il était nécessaire que Dieu s'abaissât vers l'homme pour élever l'homme jusqu'à lui, et que cette conciliation ne pouvait se rencontrer qu'en Jésus-Christ, participant aux deux natures, dans l'intégralité des vertus de chacune, le même souffle qui, originairement, anima *l'essence* dont notre premier père avait été formé, pénétra dans la Vierge immaculée, pour la procréation de L'HOMME-DIEU.

Nous convenons que cet engendrement est si extraordinaire, qu'on incline à n'y pas croire. Mais devant l'inconcevable chef-d'œuvre de l'univers, qui pourrait prétendre qu'une difficulté, quelle qu'elle soit, a pu résister à la puissance divine ; puissance inimaginable, qui pouvait créer un ordre de choses diffèrent de celui qui est ; volonté suprême, absolue, qui commande et à laquelle tout obéit ?

Par cette volonté, l'Incarnation fut décrétée ; l'Ancien Testament l'atteste, depuis la Genèse ; les évangélistes, avec leur candeur, la racontent ; et ce serait de la démence que de rompre cet anneau qui tient l'enchaînement de toutes les vérités du Christianisme.

Jésus-Christ, Dieu et homme par l'Incarnation du Verbe, est le point d'où partent les liens de sa sainte doctrine. Si cette Incarnation était mise en doute, le Christianisme, malgré ses preuves, entrerait dans le fouillis des combinaisons systématiques, et n'offrirait plus de garantie sur laquelle on pût compter.

Ce mystère de l'Incarnation est donc un article de foi qui doit être admis et respecté, quelque négation que puissent lui opposer ceux qui n'y comprennent rien.

La mission à laquelle Jésus-Christ était appelé exigeait qu'il fût homme pour le sacrifice, et Dieu pour la puissance sublime jointe aux apparences les plus humbles ; et il ne pouvait être Dieu, qu'en provenant d'une fécondation ou vivification divine, autrement, fils de Joseph, ce que des sectes admettent, il n'eût été qu'un homme comme un autre, un pécheur comme tous, un fourbe orgueilleux se donnant pour Dieu, et un insensé croyant avoir la qualité de RÉPARATEUR, tout étant dépourvu du mérite qui pouvait en assurer l'effet, et du pouvoir d'amener, comme ils l'ont été, jusqu'aux plus petits détails de sa passion, mentionnés plusieurs siècles auparavant, dans les prophéties de David, de Daniel, d'Isaïe, de Michée, etc., prophéties dont les juifs connaissent l'authenticité, et qui en étaient et n'ont pas cessé d'en être les très fidèles dépositaires.

Jésus-Christ, homme seulement, si fin et si habile qu'on le suppose alors, eût forcément échoué dans une entreprise qui, non seulement avait été signalée de loin, mais représentée encore par mille faits de l'Ancien Testament, par mille figures dont il s'agissait de mettre tout le réel en évidence.

De la part d'un homme, c'eût été le comble d'une extravagance, inadmissible quand on étudie Jésus-Christ et la sagesse qui était en lui.

Dieu, dans son Fils revêtu de notre chair, vint donc expier nos forfaits. Il vint selon la promesse faite à Adam au moment de sa chute [1]. Il vint comme victime divine, comme victime sans tache et seule digne d'être immolée à la justice de Dieu méconnu, répudié par l'homme, suppléé par les idoles les plus viles, par les images les plus obscènes.

Or, dans sa parole et dans ses actes, Jésus-Christ s'est dévoilé à nous. Il nous a laissé le souvenir de sa bonté, de son amour, de son esprit, de sa puissance, de sa lumière ; et a attaché à ce

---

[1] Genèse, III, 15.

souvenir l'idée que nous devions avoir de Dieu auquel il était hypostatiquement uni.

Nous n'ignorons certainement pas que Dieu, dans son Essence et dans l'infinité de son Être, est un secret dont la conception humaine ne saurait approcher. Mais si nous le cherchons encore dans le besoin qu'a son activité de percer l'abîme de ses inexprimables richesses, pour créer, animer, et trouver, dans un ordre inférieur, des êtres qui en reflètent les magnificences, ou qui soient capables de l'aimer, de le glorifier et de l'adorer comme il doit l'être si c'était possible ; sous cet aspect, prenant la science en aide, et pénétrant par elle sous les ombres de la nature, nous découvrons la présence d'un FOND MAGNÉTIQUE, d'un DÉSIR ATTRACTIF, *aride, ténébreux ;* VERTU STYPTIQUE ou *astringente* répandue partout, et qui saisit, resserre, condense et rend sensible ou apparent ce qui ne l'était pas ; sans laquelle l'univers n'aurait jamais paru ; dans laquelle s'allume la vie au centre de chaque chose et par laquelle se transmettent l'esprit et la lumière de Dieu.

Ce FOND est la première manifestation de Dieu hors de lui, le premier effet de sa volonté créatrice, et une puissance d'où, par sa coopération, il fait provenir des multitudes d'êtres qui sont autant d'images de lui-même.

Or, entre cette tendance de Dieu et de sa lumière à se produire dans un cercle de créatures et dans une gloire extérieure visible, et *le fond ou désir magnétique, universel* que nous venons de reconnaître, s'établit une relation en dehors de laquelle tout est dominé *par l'action isolée du désir;* et mauvais chez les êtres vivants, ou malfaisant dans les productions inanimées ; le désir n'étant en lui-même qu'un moteur de fausses qualités, d'appétits désordonnés, de desseins criminels ; ou une source d'angoisses, d'agitations et de souffrances, tant qu'il n'est point embrassé et favorablement déterminé, soit par la lumière de Dieu, soit par celle de ce monde, qui, l'une et l'autre, le rendent compatible avec toute vie régulière.

Le *désir* devenant ainsi l'essor du besoin qu'a cette vie de s'approprier ce qui l'entretient, ce qui l'agrandit, ce qui l'honore, ce qui la rend utile, et nos sentiments et notre intelligence reposant également sur cette BASE DE TOUT, les bonnes dispositions dans lesquelles ils s'étendent sont l'heureux effet des impressions que nous recevons de la nature divine, qui remplissent en nous la vacuité du désir, changent cette âpre propriété de la vie en une suavité de satisfaction et de bonheur, ou y prennent de la consistance et s'y dévoilent par des traits de lumière ou un penchant vers le bien.

Ainsi, le *désir* existe dans la plus inférieure des créatures, autant que dans la plus élevée. Il faut indispensablement qu'il y ait dans toutes *un fond attractif et astringent,* qui attire et retienne ou *resserre; base de corporisation par laquelle tout se manifeste; et substantialité* assez déliée pour que l'esprit de Dieu et sa lumière, ou ceux de la nature puissent la pénétrer, s'y fixer et agir.

Sans ce fond, aucun d'eux ne trouverait rien qui pût recevoir son œuvre et la mettre en évidence. C'est sur ce fond que toute opération a lieu dans ce qui est de Dieu, de la nature et des créatures. Les sentiments, les passions reposent sur les désirs d'aimer ou d'être aimé, de posséder, de dominer, etc. La terre ne produit que par *désir* ou *attraction*. Dieu n'a créé l'homme qu'avec le *désir* de lui faire connaître sa bonté; et l'homme n'a d'autre moyen de trouver Dieu comme vie de bonheur pur et parfait, que dans ce même *désir* qui est le fond de son existence.

Aussi, il n'a qu'à étudier celui qui l'agite, et qu'il est libre de diriger à sa volonté; il apprendra bientôt que ce *désir,* dans sa disposition constante, se porte toujours vers telle ou telle chose par laquelle son vide tend à être comblé, ne possédant en lui rien pour arriver à ce résultat, ni pour s'affranchir du besoin qui le tourmente. Il sentira *que ce désir ne peut avoir de repos, que quand la chose qu'il appète, réalité ou illusion, est venue s'y unir et lui donner ce qui répond à son attrait.*

Par une observation non moins approfondie des songes qui charment sa vie fausse, et qui s'évanouissent ou perdent leurs prestiges au moment où il croit qu'ils vont durer toujours; de même que par l'intelligence, les délices, la science et la piété qui naîtront dans ses facultés tournées vers Dieu, il aquerra une certitude aussi entière que Dieu est *le bien suprême, le bonheur toujours croissant, et la perfection de son désir,* quand là est dirigée son attraction.....

D'après ce que nous venons d'expliquer aussi clairement que peu de mots le permettent, on doit conclure que le DÉSIR est la RACINE dans laquelle la lumière et les mêmes bons sentiments que Jésus-Christ nous a témoignés s'incarnent en nous, s'y développent et nous rendent heureux, soit dans la jouissance intérieure que nous en ressentons, soit en les faisant valoir par des actes vertueux et charitables ; ou enfin par ce que nous en recevons des autres.

Ici s'accusent les motifs de l'amour chez ceux qui croient AU PRINCIPE de ces avantages ; puisque c'est DIEU qu'ils *aiment dans ses attributs ; et qu'ils reconnaissent dans la dispensation de ses bienfaits.*

Ce simple exposé, si brièvement émis qu'il soit, peut être suffisant pour qu'il ne paraisse plus étrange que lorsqu'on est arrivé à comprendre l'action de cette PROPRIÉTÉ OCCULTE, de cette BASE RÉVÉLATRICE où se nouent les rapports de Dieu avec l'homme, on ne voie plus que Dieu comme

SOURCE PRIMORDIALE des dons ou des grâces que l'on reçoit, et qu'on s'applique à le connaître de plus en plus, autant dans la beauté de ses œuvres que dans ses libéralités miséricordieuses, afin de se vouer à lui en plein abandon.

III

Revenons sur ces paroles de Jésus à la Samaritaine : « *Si vous connaissiez le don de Dieu, et quel est celui qui vous dit : donnez-moi à boire, peut-être lui en eussiez-vous demandé vous-même, et il vous eût donné de l'*EAU VIVE [1]. »

Les chrétiens extérieurs sont autant de *Samaritaines* à qui Jésus-Christ *demande à boire*, à qui il confie la soif qu'il a de les voir quitter la vie mondaine, la vie bruyante et dissipée, pour entrer dans le recueillement de la vie divine. Mais sourds qu'ils sont presque tous à sa voix, dont la motion se fait comprendre dans le centre de l'âme, au lieu de lui demander eux-mêmes cette vie intérieure, lucide, libre et pieuse qu'il leur offre, ils comptent sur leurs vétilleuses pratiques, sur leurs prières littérales, et, par elles, sur la créance

[1] Jean, IV, 10.

dont ils croient Dieu grandement débiteur envers eux.

Ils se détournent ainsi de la source *des eaux vives*, pour puiser *dans des citernes crevassées, qui ne contiennent...* [1] que de futures déceptions. L'HUILE INDISPENSABLE pour recevoir l'ÉPOUX [2] leur manque toujours, comme elle fit aux *vierges folles;* et cette disette vient de ce que Jésus-Christ n'est pas connu, de ce que sa divinité n'est pas envisagée comme elle devrait l'être, et qu'on n'a pour lui qu'un empressement froid et stérile.

Il est pourtant bien qualifié dans l'Évangile, par l'assemblage et la plénitude des vertus et des lumières qui lui sont reconnues et qu'aucun homme n'a jamais possédées que partiellement et imparfaitement.

On a encore l'attestation des Apôtres, dont l'ingénuité ne pouvait pactiser avec le mensonge, et qui ont assuré qu'ils avaient vu les miracles de Jésus-Christ, sa mort, sa résurrection, sa réapparition parmi eux, etc., témoignages qui n'ont pu être l'intrigue d'aucune ambition, d'aucune attente rémunératrice ; témoignages revêtus d'un cachet de simplicité et de fermeté qui impose le respect, et affirme que, raconter naïvement la vérité pour l'édification du monde, résumait toute l'intention de ces hommes dévoués.

[1] Jérémie, II, 12.
[2] Matthieu, XXV.

Et quel intérêt aurait donc pu les porter à propager des faits qui, faux, étaient donnés comme trop récents pour ne pas être immédiatement démentis et qui, vrais, les exposaient à la haine, aux injures, aux persécutions, à la fureur des tyrans et au martyre, auquel, sans se désavouer, ils furent enfin livrés par ceux qui redoutaient l'écroulement de leur loi et de leur synagogue?

N'eût-ce pas été la plus inconcevable folie, si, pour émettre et soutenir des inventions, des rêves étranges et sans profit pour eux, ils se fussent soumis aussi résolument qu'ils l'ont fait, aux tortures dont ils furent victimes?...

Le bel esprit qui limite la puissance de Dieu, rejette le dire des Apôtres; mais le plus surprenant des miracles ne se montre-t-il pas, si on sonde les écrits qu'ils nous ont laissés?... Quoi! douze pauvres pêcheurs, ou d'états aussi obscurs, n'ayant d'étude que l'emploi de leurs filets; trop épais pour connaître leur Maître autrement que par la chair, et ne comprenant rien à ses instructions; au moment où ils reçurent l'Esprit-Saint, qui les pénétra le jour de la Pentecôte, il se fit en eux *une explosion de la vie divine;* et, remplis dès cet instant de la connaissance de Jésus-Christ et des lumières qu'ils étaient appelés à répandre sur terre, ils furent gratifiés de la plus mâle éloquence; ils devinrent les flambeaux du Christianisme, et montrèrent, dans l'exercice de leur mission, une science au-dessus de toutes les sciences : *la science de Dieu, ou* LA RELIGION *fondamentalement alliée aux lois mystérieuses de la nature :* science dont les docteurs de nos jours n'ont pour ainsi dire qu'une légère ébauche, et en vue de l'infinité de laquelle saint Jean, dans son admiration, s'est écrié que *Jésus a fait ou dévoilé tant de choses, que si on les détaillait, le monde entier ne pourrait contenir les livres qu'on en écrirait* [1].

Où est donc l'ignorant actuel qui, sans traités, sans professeurs et sans y consacrer une vie longue et laborieuse, approchera de cette science des Apôtres, eux dépourvus cependant de tout secours scolastique ?

N'y aurait-il pas là de quoi désarmer l'incrédulité, si elle n'était un parti pris stupidement indomptable, et qui préfère nier que de s'instruire.

La divinité de Jésus-Christ est donc prouvée, et soutenus que nous sommes par des faits avérés, par des théories sublimes, par une science irréfutable, ce n'est pas à la loi, ce n'est pas à un dehors de religion, à une religion qui se montre si faiblement chez les personnes qui la suivent, que nous devons nous borner ; mais, comme l'a dit un auteur ; « il faut nous guider d'après les instruc-
« tions du Nouveau Testament conçu dans son es-
« prit large ; et nous défier des étroites construc-
« tions que les hommes ont élevées sur la lettre

---

[1] Jean, XXI, 25.

« des Écritures. » Eclairés par Jésus-Christ, nous devons, autant que nos capacités nous le permettent, chercher à nous pénétrer de la grandeur de Dieu, de l'amour qu'il nous porte, de ce que nous lui devons pour cet amour, et pour LA RELIGION qui est *le contrat* que sa miséricorde passe avec l'homme qui y prend part. Éclairés par Jésus-Christ, nous devons songer à ce que nous sommes par nous-mêmes, et, au besoin que nous avons de mourir à notre fausse activité, pour renaître aux mouvements de l'Esprit-Saint ; esprit de lumière et de sagesse, qui règle et purifie nos désirs, nourrit notre intelligence et nous rattache à sa Cause dont nous nous séparâmes par la chute…

Mais cette chute qui implique les motifs d'une religion n'est-elle pas contestée par beaucoup de gens ?…

On ne croit pas à un état parfait primitif de l'homme, et ne voyant pas l'*ulcère* qui maintenant le ronge et étend ses perturbations jusque dans les bases de son être, on ne peut admettre qu'un changement anormal, tel qu'il s'est produit, a pu s'effectuer en lui.

Ce changement est cependant démontré par la corruption, les peines de tous genres, et la mort qui nous entourent, et qui, sans le moindre doute, n'étaient pas dans les desseins d'un Dieu, dont la puissance et la bonté pouvaient et n'ont dû nous créer que pour participer à sa félicité et à son éternité.

Et si l'irrésistible penchant vers le mal, dont sont flétries des créatures à qui il devient plus ou moins funeste selon l'extension qu'elles lui laissent prendre; si leur vanité, leurs irrégularités morales, leurs excès immondes, leurs abus insatiables; n'ont pu provenir de Dieu, c'est donc dans la seule dégradation qui est survenue chez ces créatures, qu'il faut en trouver la source.

Notre premier père CRÉÉ LIBRE et comblé de dons admirables, devait être éprouvé dans leur emploi, par la liberté dont il jouissait. Mais captivé par ces dons qui faisaient l'ornement de tout son être, au lieu de continuer à voir Dieu comme en étant le dispensateur, et le bien unique à l'aide duquel il devait conserver l'intégrité de la vie pure, immuable et heureuse qu'il possédait, il se détourna de lui peu à peu, s'attribua le pouvoir de trouver cette même vie heureuse et parfaite, dans les seuls avantages qui lui avaient été donnés, et rompit ainsi toute communication avec elle.

C'est, on le voit, par le premier usage de *sa liberté* et de *sa volonté*, en comptant sur une ingrate et orgueilleuse préférence, que la chute se déclara chez l'homme.

Puis la privation qui s'ensuivit lui faisant sentir son néant, il chercha à y suppléer en s'unissant à la nature élémentaire dont il reçut les levains matériels qui le rendirent terrestre et l'assujettirent aux exigences du corps, aux intempéries des saisons, aux ravages du temps, aux atteintes des maladies et à la nécessité de la mort.

Enfin, en substitution de la lumière divine qu'il perdit, il eut l'entendement, lumière secondaire qui lui donne la perception et le raisonnement par lesquels il est distingué de l'animal ; mais qui deviennent les perfides complices de ses écarts et de sa ruine, lorsque, dans ses passions désordonnées, dans ses désirs corrompus, ils lui enseignent à raffiner sur toutes les erreurs, sur tous les vices, sur tous les crimes.

La manducation de *la pomme,* selon la Genèse, ne fut donc que la confirmation grossière de la chute, déjà consommée dans la pensée d'orgueil et ouverte à des aiguillons sous l'influence desquels Dieu, après avoir considéré favorablement ses ouvrages, trouva qu'*il n'était plus bon que l'homme fût seul* [1].

Et l'épreuve à laquelle ce premier homme fut soumis était indispensable, afin qu'il pût se rendre digne des faveurs qu'il recevait ; afin que son obéissance, son affection, sa fidélité pour son créateur et bienfaiteur fussent révélées par la possibilité des contraires, et pussent montrer leur valeur dans les moyens offerts à leur exercice.

Sans cette épreuve *la liberté, la volonté,* les plus beaux fleurons de l'existence, devenaient de vains

---

[1] Genèse, II, 18.

mots, n'étant plus que des enchaînements nécessaires, sans activité propre, sans spontanéité et sans résultats individuels.

Toute personne qui a assez de tact pour distinguer si le monde est véritablement et immuablement heureux, bon et parfait, ou si, fragile, pétri de passions, d'ignorance et de méchanceté, il est en butte à tous les maux, est donc forcé de convenir que nous sommes sortis de l'état supérieur auquel nous étions destinés.

Dans cette métamorphose, se fait sentir l'utilité du Christianisme, qui, pour la rectitude qui en doit naître, ne se résume pas à des prières d'emprunt ni à des pratiques mortes, mais par ses attraits et ses onctueux effets, il doit devenir une manifestation de la vie divine que nous a méritée le sacrifice de Jésus-Christ ; et cette vie se révèle en nous avec la même évidence que le font nos pensées et nos sensations.

IV

La religion et le culte, ou autrement le Christianisme et le Catholicisme, deux choses que les chrétiens confondent presque toujours, sont aussi différents l'un de l'autre que le sujet d'un livre l'est des caractères d'imprimerie qui servent à le propager.

Notre âme, à l'Église, est comme une fleur dans un parterre. Le jardinier donne à cette fleur tous les soins qu'elle réclame : il en retranche les parties qui nuisent à son ensemble, au nombre de ses corolles, à leur épanouissement, à leur beauté; mais *sans l'esprit actif de la nature, qui, par une secrète fermentation change dans la racine de cette fleur, l'eau et le sel de la terre en sève nutritive,* elle s'arrête et périt, quelle que soit l'attention qu'on lui porte.

L'Église est le parterre de notre âme. C'est là qu'elle est *cultivée*, détournée de toute pente au mal, et mise sur une bonne route; mais *celui qui plante n'est rien, ni celui qui arrose; c'est Dieu seul qui donne l'accroissement*[1]; et *sans l'action vivifiante de son Esprit, qui pénètre toutes les facultés de l'âme et transforme en sucs divins la nourriture qu'elle reçoit,* elle reste sans mouvement, sans développement, et dans une tiédeur qui fait le chrétien selon la lettre.

L'Église, pour ceux qui y cherchent leurs devoirs, est donc aussi utile, qu'elle est honorable pour tout le monde. Il n'y a que les fous qui la méprisent ou la combattent, sans d'autre motif que leur faiblesse intellectuelle, ou ce qui en dé-

---

[1] 1re Épître aux Corinth., III, 7.

pend, c'est-à-dire leur implacable antagonisme contre Dieu et la religion.

L'Église est indéfectible, et en dépit des envieux de sa destruction, elle flotte paisiblement au-dessus du torrent des passions, qui tend à la submerger, et s'offre en dédommagement à ceux qui ne sauraient aborder dans le secret des vérités cachées. Elle leur ouvre, pour le degré de leur compréhension, une porte de secours, un chemin tracé pour aller à Dieu, et dans lequel ils trouvent *la paix promise aux hommes de bonne volonté* [1].

Puis elle assiste les malheureux, fortifie les faibles, console les affligés et verse dans le sein des mourants le calme et la résignation, si précieux dans ce triste moment.

Toutes ces touchantes compassions pour nos peines, pour nos malheurs, sont le *cléricalisme,* que les esprits hétérodoxes aujourd'hui appellent l'*ennemi;* peut-être parce qu'il leur fait craindre la vérité, appréhender la justice, ou parce qu'il change la forfanterie des plus intrépides, en épouvante bien motivée, quand le spectre de la mort vient par instants contrarier leurs réflexions et ébranler leurs doutes.

Enfin l'Église professe un culte en rapport avec le Christianisme, et son encens, comme celui

---

[1] Luc, xi, 14.

d'Abel, monte jusqu'aux Cieux. Elle offre chaque jour à Dieu, pour le salut du monde, le sacrifice accompli sur le Calvaire, et dont *tous ceux* de la Loi ancienne étaient la figure. Elle prêche et conserve l'Évangile qui, sans elle, disparaîtrait de dessus terre.

Cependant, ses cérémonies, quelquefois si imposantes et si propres à ramener celui qui s'est égaré dans les sentiers tortueux de la vie ; ses cérémonies ne sont que les préliminaires de la religion vers laquelle Jésus-Christ nous fait tendre, comme tout cœur pur est le vrai TEMPLE DE DIEU [1], et le foyer où doit s'allumer et brûler *le feu sacré*.

Si on reste étranger à ces vérités, c'est que, peu attentif qu'on est aux paroles de l'Évangile, on reste méticuleusement fixé dans les pratiques réglementaires de l'Église, et on s'y trouve dans la plus haute sphère de dévotion, peu soucieux de chercher à s'étendre sur ce qui devrait en être la force vivifiante.

Aussi, les chrétiens que Jésus désignait à la Samaritaine ne sont pas ces scrupuleux observateurs des formalités religieuses, s'ils n'ont rien de plus ; mais ceux remplis de son Esprit, et qui adorent avec *amour et liberté ;* parce que leur adoration, au lieu de tenir d'un zèle compassé, basé sur la tradition, sur les commandements, sur les sollicitations

---

[1] Ire Epître aux Corinth., III, 16.

pressantes d'un pasteur, est *l'expression même de la grâce,* qui a crucifié en eux *le vieil homme,* en a fait des *hommes nouveaux* [1]*,* a fécondé leurs âmes, et, de ces conceptions spirituelles, y a enfanté la vie de Jésus-Christ substituée à la leur et par la vertu de laquelle ils adorent *dans la nouveauté de l'esprit, et non dans la vieillesse de la lettre* [2].

D'où on doit conclure que Jésus-Christ est l'*Essence du Christianisme,* qu'il en est la vie, et que, pour être chrétien dans toute l'acception du mot, il faut être revêtu de sa nature divine, par la consommation d'une intime alliance avec lui.

Ceci met en défaut le jugement de ceux qui s'imaginent que la conversion ou le retour du pécheur à Dieu consiste à entrer dans le giron de l'Église et à se mettre sous la stricte observance de ses ordonnances légales.

Cette manière de voir vient de la fausse interprétation qu'on attache à la religion, toujours emboîtée sur le catholicisme, qui est le recueil *des devoirs faciles* et seuls considérés, vers lesquels la foule s'empresse.

Le culte, nous l'avons dit, ne ratifie pas toujours la conversion. Il n'en est nullement la preuve. Pratiqué souvent par un calcul de conduite ou d'intérêt, il n'est, dans ce cas, qu'une trompeuse appa-

[1] Éphèse, iv, 22. 24.
[2] Romains, vii, 6.

rence. Et n'ayant, dans ses rites et ses prescriptions aucun pouvoir de changer le cœur, il ne fait, par sa qualité prééminente, que *nettoyer les dehors de la coupe et du plat* [1] ; ou *blanchir l'extérieur de sépulcres dont il laisse le dedans rempli d'ossements et de pourriture* [2].

La grâce de Jésus-Christ est seule principe de conversion. Elle est *sa puissance génératrice dans la vie même.* Toute conversion n'est sincère que là, parce qu'elle repose sur la transformation de notre esprit et de nos sentiments, qui s'appliquent alors à repousser leurs fausses inclinations, pour se tourner franchement vers Dieu...

Pour être converti ou rappelé aux lumières de la foi, aux douceurs de l'espérance et aux attraits de l'amour divin, il faut donc que la grâce de Jésus-Christ nous ait rendus tels ; autrement *ce peuple m'honore et me glorifie des lèvres, mais son cœur est loin de moi* [3].

La grâce s'épanche en nous comme une rosée céleste ; et nous investit d'une courageuse persévérance pour traverser *les déserts* qui conduisent *à la terre de salut, à la terre promise ;* route aride d'abord, escarpée, et qui ne se fraie *que dans les ronces de l'esprit et du cœur, dans le dépouillement ou la mortification de notre nature malade, de notre nature pécheresse.*

[1] Luc, xi, 39.
[2] Mathieu, xxiii, 27.
[3] Isaïe, xxix, 13.

Cette douloureuse impression est LA CROIX ou le *réactif* que Dieu emploie, pour nous faire naître à le vie de Jésus-Christ, *laquelle ne s'allume que dans un sol préparé, amendé, devenu le point de ralliement des vertus célestes, dont il subit les actions dissolvantes avant celles qui lui donnent la vie et la fécondité.*

Cette règle, et la *Croix* qui la met en œuvre, sont inviolables et doivent être appliquées *à tous ceux qui sont destinés à la régénération*. . . .

. . . .

Une vérité qu'il ne faut pas passer sous silence, c'est que notre amour pour Dieu n'est pas toujours ce qu'il devrait être. Nous n'apprécions pas souvent à leur valeur les correctifs qu'il nous envoie. Nous nous soumettons désagréablement à ses délais et détestons ce qui, peu à peu, doit expulser de nous les levains morbifiques, que des instincts plus ou moins légers y ont laissé s'accumuler, et à travers l'impureté desquels la vie divine ne peut pas plus germer et se développer, que ne le ferait une semence dans une terre qui lui serait contraire.

Nous croyons aimer Dieu; et en ne l'aimant que dans ce qui fait notre satisfaction ou notre bien-être, c'est sur nous qu'en réalité notre amour se concentre.

Et si nous ne l'aimons qu'en paroles, c'est-à-dire d'une façon illusoire, notre confiance envers lui reste chancelante ; nous n'entrons pas dans l'esprit de son action à notre égard lorsqu'elle nous paraît trop dure, et nous ne sommes nullement convaincus que cette action s'effectue dans l'amour qu'il a pour nous : *le Seigneur châtie ceux qu'il aime*[1].

Quand la circoncision du cœur et le transfert de nos désirs dans une voie de lumière et de piété se sont produits en nous, c'est seulement alors que, sans murmure ni impatience, nous sommes prêts à plier sous le poids de cette justice divine toujours liée à la miséricorde qui existe dans la justice même ; car en Dieu tout est Dieu en unité indivisible, et pas une de ses vertus n'agit particulièrement hors de lui, sans être à la fois la plénitude de tous les autres.

Ainsi, les adversités que nous appréhendons, que nous fuyons, sont ce qui pétrit l'homme et le rend plus souple et mieux soumis. Elles abattent l'orgueil que Dieu déteste, et imprègnent l'âme d'humilité, et comme c'est dans l'humilité, dans la peine et la souffrance que, plus instinctivement, la créature implore le secours de Dieu ; comme c'est après l'abandon de sa personnalité que, réciproquement, Dieu vient la visiter dans le secret de son cœur, il est facile d'entrevoir les avantages de *la Croix,* par les changements qu'elle opère, et par l'ouverture qu'elle donne à la vie divine.

Les gens plongés dans la mollesse sont peu

[1] Hébreux, xii, 6.

partisans des épreuves d'une si rude école. Mais, quoiqu'ils en pensent, elles n'épargnent personne ; chacun, ici ou là-bas, y passe à son tour, la peine étant un creuset qui épure l'âme et ravive le sentiment.

Ceux qui ont porté longtemps le fardeau de la peine ; ceux qui ont été travaillés par de grandes tribulations, donnent les marques d'un caractère rompu, qui diffère du tout au tout de celui des favoris que la fortune et la réussite rendent *inflexibles et pleins de leur propre mérite.*

Dans la prospérité et le bonheur matériel, on est sujet à oublier Dieu ; ou si son n'existence n'est pas mise en doute, il n'est regardé que comme un objet de circonstance, faisant diversion aux entretiens de la vie privée. Il est un être inerte, habitant un ciel inconnu.

C'est *à soi,* à son esprit, à son génie que l'on doit *l'heureuse position* dans laquelle on étale son importance. Dieu y est resté étranger. Et comme on croit ne rien lui devoir, on use des biens que l'on possède, des places que l'on occupe, conformément à ce que la vanité a conçu de leurs privilèges et de leurs agréments. On s'attache à mille convoitises ; les plaisirs, les honneurs, l'opulence qu'on aime par-dessus tout, viennent déployer leurs prestiges dont on s'enivre sans retenue. On se délecte dans ces jouissances terrestres, on se fixe dans ce piteux bonheur, ce rêve de quelques instants prend de la consistance ; il devient la seule vérité, la seule nécessité ; et ne connaissant pas les joies solides ni le bonheur durable, on n'a garde d'admettre les opérations qui y conduisent : *la Croix,* dit saint Paul, *est traitée de folie ;* elle est regardée comme un incident que l'on redoute, et auquel on vise à échapper par tous les moyens possibles. Si on daigne en considérer furtivement l'image, ce n'est qu'en souvenir de ce que l'histoire rapporte de Jésus-Christ, et non en ce que cette image offre de sérieuse instruction à tous les hommes qui, tôt ou tard, bon gré mal gré, auront à en subir l'action, d'autant plus rigoureuse qu'elle trouvera de résistance ou d'éloignement chez ceux qui seront dans une situation à tomber sous son terrible pouvoir.

V

On trouvera sans doute quelque verdeur dans les remontrances que nous venons de nous permettre. Mais en cela nous n'avons fait qu'obéir à un sentiment fraternel qui voudrait inspirer de la défiance pour *cette porte si largement ouverte à la perdition ; et pour le chemin si séducteur qui y conduit* [1].

[1] Matthieu, vii, 23.

Qu'on examine le spectacle qui se déroule sur la scène du monde !... qu'on réfléchisse à ses orgies, à ses scandales, aux atrocités que commettent, dans toutes les classes de la société, les incurables du crime ou de la débauche ; et à moins qu'on ne soit déjà subjugué par quelqu'une de leurs infiltrations, notre manière de parler, incontestablement, ne paraîtra plus ni exagérée ni déplacée, et la *Croix, caustique* qui dévore avec ardeur toute corruption, ne sera plus regardée comme une si grand infortune.

On s'inclinera au contraire devant l'application de cet agent de la justice, de la miséricorde et de toute opération divine, quand on saura que, universel, il tient le progrès favorable de tout sous sa dépendance, quand on sera assuré qu'il est le combat de la vie contre la mort, du bien contre le mal, des puissances supérieures ou de *la verticale* contre *l'horizontale* ou les parties hétérogènes que renferment toutes les créatures ; et qu'en ces deux lignes † il est LA BALANCE qui pèse, mesure, circoncit, puis, dans un temps voulu, *fait sortir l'être essentiel de ses immondices, et rétablit en lui la beauté et l'harmonie*.....

N'est-ce pas sur la représentation de cet agent admirable, que Jésus-Christ devait racheter le genre humain ?... Et cet emblème, instrument de supplice, bois ignominieux, béni de Dieu pour le salut de son Fils, que l'aveuglement des hommes y a répandu, n'est-il pas devenu l'étendard de la religion?... Dans une autre forme, n'est-il pas le plus bel hommage dont on puisse honorer en le leur donnant, toutes les personnes de mérite?... N'est-il pas l'insigne auquel aspirent même les profanes, dès qu'ils se sont mis en évidence par quelque chose de remarquable?...

Enfin ne prendra-t-on pas la *croix* en grande vénération, si, par expérience, il est démontré que dans l'ordre physique comme dans l'ordre spirituel, rien ne se produit, rien ne se modifie et ne se parfait, *sans en avoir éprouvé la puissance et la vertu ?*

Dans la nature, elle agit par le *feu* et la *terre*, l'*eau* et l'*air*, qui composent les deux *diamètres du cercle universel.* C'est dans ces *rouages indispensables* que toute semence se réduit à sa matière première, à son limon, à son chaos. *Si le grain de froment ne meurt lorsqu'il est mis en terre, il reste seul; mais s'il meurt, il rapporte beaucoup de fruit* [1]. C'est du sein de sa mort et de sa destruction que rejaillit la vie qu'il renferme, et cette vie se rétablit dans le germe qui s'élève sur les débris de sa vieille écorce ; elle reprend une jeune et séduisante forme, se pare d'un frais vêtement, et reparaît sous le charmant éclat d'une existence nouvelle.

Ce qu'a dit Jésus-Christ de la mort du grain de

---

[1] Jean, XII

froment, s'étend à toutes les semences, et peut être reporté sur toutes les morts, lesquelles préparent la production des êtres ou leur régénération.

S'il fallait soutenir cette vérité par quelque exemple, un sujet qui la confirme visiblement, c'est un œuf en couvée. Cet œuf, à une douce chaleur, ne tarde pas à se corrompre. Si on l'ouvre après quelques jours, il s'en dégage une odeur infecte, semblable à un relent cadavéreux; et dans cette matière en putréfaction, dans cette puanteur repoussante, prend vie, corps et développement, une petite créature qui y trouve la substance affectée à sa nourriture, jusqu'à ce qu'une certaine vigueur lui permette de briser sa coquille pour vivre et se mouvoir à la lumière.

On le voit, c'est dans une désagrégation putride, dans les ombres de la mort, au milieu de saletés immondes et dans le trouble d'une *croix* hideuse, que la vie se rallume, pour donner naissance à un nouvel être.

Cette opération, prise parmi une généralité d'autres où s'exécute un travail identique, apporte son éloquence en faveur de la *Croix*.

Enfin celle-ci, moralement attaque les passions; elle dépouille le *vieil homme* et élève sur ses ruines l'*homme nouveau*, l'homme selon l'Évangile, l'homme vrai, humble, charitable, diamétralement opposé à celui du monde, à celui qui, avec une attrayante surface et infatué de sa personne, ne songe qu'à briller et à suivre avec délire son impétueux penchant pour tout ce qui est terrestre.

La Croix ronge ou doit ronger progressivement cette mondanité avec son cortège de dérèglements. Et plus elle rencontre de résistance à ce qu'il faut qu'elle opère, plus, dans cette vie ou dans l'autre, sa cure est longue et ses actions violentes. La justice de Dieu, à laquelle forcément rien ne se soustrait, n'abandonne sa proie que lorsqu'elle a eu son accomplissement, lorsqu'elle a transformé et amené à un nouvel état l'être qu'elle poursuit.

Aussi a-t-elle été regardée comme le *sel de la sagesse*, qui pénètre et détruit, pour reconstituer et faire revivre dans une perfection plus grande.

Si quelqu'un veut être digne de moi, a dit notre divin Maître, *qu'il porte chaque jour sa Croix, et qu'il me suive*[1]. Il proclame par ces paroles, l'efficacité de *la Croix*; car si la mort dans la nature, est le seuil *de la vie ; si la vie ne se reproduit, ne se multiplie qu'en passant par la mort,* c'est aussi dans la mortification, dans la décomposition de l'homme moral et dans la séparation de son impur alliage que la vie divine prend naissance.

Heureux, dit saint Jacques, *celui qui souffre patiemment les tentations et les maux, parce que quand sa vertu aura été éprouvée, il recevra la*

---

[1] Luc, ix, 23.

couronne de paix que Dieu a promise à ceux qui l'aiment [1].

Les maux qui nous surviennent devraient donc nous ouvrir les yeux sur le néant de la vie terrestre, sur sa fragilité, sur sa mutabilité, et sur la faiblesse qu'il y a d'être si étroitement attaché à tout ce qui s'y rapporte, et avec quoi il faudra rompre complètement un jour. Ils devraient être autant d'exercices de patience, autant de leçons contribuant à nous faire sortir des voies d'illusions dans lesquelles nous marchons.

Si nous aimions Dieu sincèrement, nous dirions comme Job : *Puisque nous en recevons les biens, pourquoi n'en accepterions-nous pas les maux* [2] ? Et si notre sagacité s'employait à voir combien les soins de la divine Providence envers nous sont calculés, nous serions certains que ce qui nous arrive, même contrairement à nos désirs, est ce qu'il y a de mieux adapté à nos inclinations, et que, si nous étions toujours satisfaits, si notre prudence humaine et nos combinaisons amenaient toujours des résultats conformes à ce que nous voulons, à ce que nous cherchons, nous tomberions inévitablement dans une perte assurée.

Mais Dieu a pour nous tout le discernement qui nous manque ; rien n'échappe à sa bienveillante attention quand nous n'en sommes pas devenus in-

---

[1] Épître de saint Jacques, I, 12.
[2] Job, II, 10.

dignes ; et il nous écarte, par des conjonctures contraires, du gouffre où notre liberté, trop souvent dirigée par notre ignorance, finirait par nous plonger.

Au lieu de nous raidir comme ceux qui opèrent leur naufrage ; au lieu de nous répandre en murmures, en plaintes haineuses contre cette prévoyance que nous ne comprenons pas, c'est donc avec humilité et résignation que nous devrions accepter ce que nous essayons de repousser ou d'éviter par le concours de tous nos efforts.

Il faut dire que si nous fuyons les peines et les désappointements, si nous en éprouvons une vive répugnance, c'est qu'ils font un injurieux contraste à notre nature créée pour être heureuse. Nous ne sommes pas aussi touchés des bienfaits que nous recevons ; ils répondent plus clairement au bonheur de notre existence ; qu'ils nous viennent directement de Dieu, ou indirectement par les créatures, il semble qu'ils nous sont dûs et que notre reconnaissance envers notre bienfaiteur n'est engagée en rien dans leur dispensation.

Cependant, l'ingratitude est une faute qui nous place aussi légalement sous l'infaillible justice divine, que ce qui, souvent, nous paraît bien plus monstrueux. Rien ne se perd devant le tribunal suprême ; toute *herbe mauvaise* y est consumée ; le plus petit accessoire de l'être faux doit y trouver sa ruine. Et si la mort vient nous surprendre dans notre mutisme, dans nos funestes penchants, dans nos actes illicites ; comme la séparation de la vie d'avec son enveloppe ne change rien à ses facultés qui, agissant en dehors d'organes compactes ou décrépits qui les affaiblissaient, n'en prennent que plus de mobilité et d'étendue qu'elles feraient valoir dans le mal : il faut que, pour l'ordre, la justice et la miséricorde qui règnent en Dieu, cette vie rencontre UN ENFER, une habitation en proximité de contact avec elle ; de même qu'en d'autres dispositions, elle trouve UN PARADIS OU UN PURGATOIRE.

VI

Le paradis, le purgatoire et l'enfer, enchaînés à l'immortalité de l'âme, sont d'une obligation absolue, pour punir le crime, couronner la vertu, et offrir à l'infidèle des moyens de réhabilitation.

Les mécréants peuvent prendre pour fables de semblables avances ; le paradis et l'enfer, puisque c'est ainsi qu'on les nomme, sont, en dehors de toute opinion, aussi positifs que les ténèbres et la lumière, à la différence qu'ils n'ont rien de commun avec les préjugés que les chrétiens en conçoivent, préjugés qui ne font que multiplier les incrédules.

Le paradis et l'enfer, ou ce qui fait l'un et l'autre, c'est le rapprochement ou l'éloignement qui, à la brisure du corps, place l'âme par rapport à Dieu.

Dieu étant la vie triomphante de tous les êtres, chacun est heureux ou malheureux, selon qu'il participe ou se trouve plus ou moins privé de cette vie. C'est ce qui a fait dire à Jésus-Christ : *Il y a plusieurs demeures dans la maison de mon Père* [1]. Et ces paroles n'ont pas seulement accès dans le séjour des bienheureux ; mais elles s'étendent jusqu'aux régions infernales qui ont aussi leurs degrés ; depuis celui où l'âme, en quittant ce monde, est confondue d'abord, terrifiée par la continuation de son existence, et la réalité de Dieu, auxquelles elle ne croyait pas; où ensuite, contre l'instinct invincible de réunion qu'elle a pour LE VERBE, pour la lumière d'où elle provient, et qui l'attire par une puissance continue ; elle en est repoussée sans interruption, en raison des souillures dont elle est entachée ; où ne vivant plus que dans les replis de sa conscience qui la rappelle à ses coupables pensées, paroles et actions, elle en fait *sa pâture* dans des anxiétés cruelles, dans des angoisses intolérables ; où enfin, enduite *de cette cuirasse de feu inextinguible* qu'elle s'est construite dans son passage sur terre, et n'ayant d'autre sensibilité que ce déchirement incessant de sa vie, l'horreur de son supplice, qu'elle voit sans remède,

[1] Jean, XIV, 2.

la porte à un désespoir et à une rage contre Dieu, qui maintiennent sa réprobation.

Depuis ce degré jusqu'à celui où, moins endurcie, et reconnaissant son immense faiblesse, elle subit les tourments de la plus amère componction, traversés à distances indéterminées par des jets de lumière et d'espérance qui tempèrent sa douleur et soutiennent sa résignation ; état d'une tout autre nature que le premier, et qui fait le purgatoire : ces deux états, comme le paradis, ont *leurs demeures ;* ils ont *leurs mesures,* et chacun d'eux, dès cette vie, rend témoignage à sa cause, par les sentiments agréables, pénibles, plus ou moins vifs, plus ou moins durables qu'éprouvent, après leurs actes, l'homme juste, pieux, éclairé, qui pratique les bonnes œuvres ; et le meurtrier ou le mondain, l'un poursuivi par le Dieu vengeur, et recevant dans les troubles qui agitent son âme les avances du châtiment qui lui est dû ; et l'autre, le mondain, ayant seulement à supporter la honte, les ennuis ou les déceptions que ses inconséquences lui attirent.

Telles sont les situations diverses, d'une évidence difficile à nier, et qui, par les mêmes racines, tendent à épurer l'âme, dans ce monde et dans l'autre.

Cette impression qui nous vient des qualités de l'enfer et du paradis, peut s'affermir encore par certaines analogies de l'Écriture sainte avec la science de la nature.

La nature nous apprend que son feu pur nous consumerait, sans l'humide avec lequel il est combiné, qui enveloppe son activité et compose avec lui l'air que nous respirons, proportionné à nos organes.

Nous voyons dans la foudre ce que c'est que le feu non mitigé par l'eau, et la rapidité avec laquelle il traverse les corps combustibles et les réduit en cendres.

L'Écriture nous dit que Dieu, dans son premier Principe *est un feu dévorant* [1]. Mais comme le fond fixe de l'âme tient à ce premier principe, et que, n'étant pas matière, il ne peut être détruit ; toutes celles qui, à la mort, sont séparées de la vie de Jésus-Christ, se conservent et s'agitent dans ce feu qui constitue pour elles l'*enfer*, cherchant et ne trouvant pas là rassasiement de leur être qui est LE VERBE ou l'*Essence divine* de laquelle s'épanche la lumière et la vie.

Et si, dans la nature, l'atmosphère contient un fluide ou vapeur subtile qui retient la lumière, la rend apparente, et sans laquelle la terre, malgré la présence du soleil, ne serait qu'une étendue stérile et obscure ; de même, l'enfer, où règne le pur feu de la Divinité, est un abîme de ténèbres, où *la Croix* déploie sa fureur avec une énergie proportionnée au réprouvable mélange de chaque âme damnée.

Que la fatale imprévoyance qui rit de l'enfer se

---

[1] Isaïe, x, 17.

transporte donc devant le tableau de ce qu'éprouvent les misérables condamnés à la peine capitale. Qu'elle se représente les transes qu'endurent ces malheureux, la terreur qui fait battre leurs cœurs de boue, position que la mort ne fera que compliquer par de nouvelles souffrances, et la suppression pour eux de toute lumière et de tout espoir. L'imprévoyance conviendra peut-être alors que l'enfer existe et que plus ou moins il s'empare, dès ce monde, de tous les coupables et les saisit par ses premières atteintes.

Cette condition, selon les arrêts de la justice impérissable de Dieu, n'est pas celle des seuls criminels ; mais, sous des effets qui peuvent être moins accusés, elle s'impose encore à ceux qui n'ont pas foi en Jésus-Christ et ne sont pas *nés de son Esprit* [1] ; ni *revêtus de sa vie* [2] qui a payé son tribut à l'enfer; ni crucifiés avec lui, les membres de leurs corps étant toujours prêts à satisfaire leurs passions, même les plus effrénées et les plus honteuses.

Ceux-là ne participent pas aux mérites de la Rédemption ; le foyer de la lumière divine ne recevant en eux rien qui lui soit approprié, ne s'y allume pas, et ils restent sous la puissance *désorganisatrice* avec laquelle leurs facultés se sont unifiées ici-bas.

[1] Jean, III, 3.
[2] Romains, VI.

Dans son second Principe, Dieu est appelé *la lumière du monde*, l'EAU VIVE *qui rejaillit jusque dans la vie éternelle* [1].

Cette *eau vive*, en Dieu, transforme l'âpre aiguillon du feu de sa justice, et en fait un royaume de gloire et de félicité, étant la base de manifestation de sa miséricorde, de sa lumière et des magnificences qu'elle renferme.

Aussi, est-ce dans ce Principe, *dans ce Fils qui est en lui-même et qui s'épanche de lui-même* que Dieu *a mis toute son affection* [2], et par qui il la transmet à ses créatures ; ce qui fait *qu'aucun autre nom que celui de Jésus-Christ n'a été donné à l'homme pour son salut* [3].

C'est ainsi qu'en scrutant la nature, elle nous découvre la trace des mystères de l'autre monde ; parce que, provenue de ce centre, elle en est l'expression fidèle, dans les opérations de ses éléments, comme dans la vie des créatures.

Pour achever de répondre à la fausse idée que l'on a du paradis, du purgatoire et de l'enfer, nous ajouterons qu'aucun de ces états de bonheur et de tourments n'est attaché à un endroit spécial. Puisque Dieu est partout, le paradis se trouve en tous lieux. D'un autre côté, chaque créature étant susceptible de rompre ses rapports d'existence avec Dieu, l'enfer se rencontre également partout.

[1] Jean, VIII, 12 ; et IV, 14.
[2] Matthieu, III, 17.
[3] Actes I, V, 12.

Une personne peut être heureuse près d'une autre très affligée, sans avoir le plus petit doute de son chagrin. Un aveugle peut être aussi dans les ténèbres devant la lumière du soleil, visible pour celui dont les yeux ont toute leur perfection ; et ce dernier échappe aux ténèbres forcées de l'aveugle, quoique ces deux hommes se trouvent à côté l'un de l'autre. La manière d'être de chacun d'eux fait sa jouissance ou sa privation, sans qu'il ait besoin d'habiter le ciel étoilé ou les entrailles de la terre. Et c'est là un des sens de ce verset qui commence l'Évangile de saint Jean : *La lumière luit dans les ténèbres, et les ténèbres ne l'ont point comprise* [1].

Contre toutes ces vérités, beaucoup de gens se récrient en disant que Dieu est bon, miséricordieux, et qu'il ne punit pas. Mais c'est en vain que, par cet argument, ils se figurent conjurer le sort.

Dieu est, en effet, l'insigne bonté, et les maux de toutes sortes qui pèsent sur l'espèce humaine sont justement un témoignage par lequel cette bonté se traduit.

Si Dieu n'éprouvait, ne corrigeait et ne changeait pas l'être qui lui est infidèle, qui lui est devenu contraire, aucun ne goûterait ou ne serait appelé à goûter le vrai bien en s'unissant à lui ; cette union, pour être parfaite surtout, n'étant pos-

---

[1] Jean, I, 5.

sible que dans une identité très rapprochée d'esprit, de sentiments et de pureté.

Seulement, Dieu ne punit pas par l'envoi direct des souffrances morales ou physiques, ce qui, nous en convenons, serait chez lui une imperfection et un désaccord avec sa bonté.

Mais ne pouvant avoir aucun contact avec le mal, il se détourne forcément de l'homme pécheur ; il le perd de vue : *Adam, où êtes-vous*[1] ? Il s'efface en lui, il y reste caché et comme à une distance déterminée par l'énormité de transgression des lois de la conscience dont l'homme se rend coupable. Dieu l'abandonne ainsi aux conséquences des actes déréglés et réitérés qu'opère sa volonté rebelle ; et ce sont les résultats de ces actes qui effectuent sa punition, et c'est cette suite de douleurs ou de regrets attachés aux fautes et à leurs répétitions qui fait que Dieu peut exercer sa justice, sans suspendre en quoi que ce soit sa bonté.

Et s'il est bon, s'il est miséricordieux, ce qu'il montre en se communiquant à l'homme qui se repent et se tourne sincèrement vers lui ; il punit parce qu'il est juste aussi, parce que sa justice est inexorable, autrement Dieu ne serait pas Dieu, et que, comme tous ses attributs, elle doit avoir son cours irrévocablement.

Mais Dieu ne punit qu'en laissant la créature s'égarer dans ses désordres, dont elle n'encoure la

---

[1] Genèse, III, 9.

peine qui leur succède, que parce qu'elle se met très librement elle-même sous le poids de son application.

Et cette peine, si elle la comprend, est un moyen de lui faire détester les fautes qui l'engendrent ; c'est un moyen de la porter à un meilleur emploi de sa liberté, et de l'amener, si elle y met de la persévérance, à un commencement d'homogénéité et de participation à la nature divine.

C'est à cette transformation que Jésus-Christ fait allusion, lorsqu'il dit : *Heureux sont les pauvres d'esprit, parce que le royaume des Cieux leur appartient*[1], c'est-à-dire : heureux sont ceux qui se trouvent dégagés de cet esprit superbe, captieux, médisant, impudique, déloyal, vindicatif, etc., d'où le mal dont il est le tissu ressort sans cesse, et qu'on ne tarde pas à répudier, quand on reconnaît l'isolement qui doit en être la suite inévitable.

Cette signification des paroles du Sauveur est complétée par celle des suivantes : *Celui qui perdra sa vie pour l'amour de moi, la retrouvera*[2] ; ce qui veut dire qu'il se fera en lui une substitution de la vie de Jésus-Christ à sa vie mondaine ; il se fera l'échange d'un esprit de simplicité, de droiture, d'abnégation, de douceur et de charité à celui de duplicité, d'égoïsme, de colère, de mensonge, d'ambition, de présomption et de do-

[1] Matthieu, v, 3.
[2] Matthieu, x, 39.

mination. Il retrouvera sa vie régénérée, fondue dans une meilleure, dans une qui est agréable à Dieu . . . .

Il faut déduire de ces théories, que la justice en Dieu est, avec tous ses attributs, une unité absolue, qui ne sort en distinctions que pour s'approprier aux états et aux dispositions des êtres, et opérer en eux.

C'est pour avoir méconnu ces bases de la haute science que des moralistes ont soutenu que l'homme pouvait se perfectionner seul, sans Dieu et sans religion. Mais l'expérience a justifié le fait; en voulant s'élever à la lumière sans la lumière, ils se sont perdus dans le néant de leurs orgueilleuses prétentions. Leur art n'a donné que des déguisements, des rôles affectés et criblés d'intermittences remplies par le naturel.

La morale ressemble à la vertu prolifique d'une graine; vertu qui n'est qu'une puissance incapable de se développer sans la force élémentaire, active, supérieure, qui la met en mouvement. La morale n'est aussi qu'une simple aptitude que possède l'homme à se tourner vers ce qui est divin. Et il ne prend son élan sur cette ligne ascendante que lorsque, humble et désireux, il est attiré réciproquement par un principe céleste, et ce principe est DIEU : *Nul ne peut venir à moi si le Père ne l'attire*[1]; de même que dans la graine, le ciel

[1] Jean, VI, 44.

attiré le germe qui en reçoit la vie et tout ce qui perfectionne la plante qu'il produit.

Seule, la morale, si bien observée qu'elle soit, n'a jamais fait le chrétien. Elle n'est qu'un exorde, un acheminement à quelque chose de plus solide qu'elle et susceptible d'une plus grande extension.

La morale existe dans tous les cultes; et pour qu'elle se modifie dans le Christianisme, il faut que la grâce lui donne une impulsion par laquelle l'homme passe de la morale à la croyance, et de celle-ci à la foi et à l'amour de Dieu; car on peut avoir de belles pensées, de bonnes résolutions, une conduite irréprochable, et rester éloigné des lumières et des vertus chrétiennes, en n'occupant que le rang des incrédules ou gens grossièrement attachés à la matière ; ce qui accuse la légèreté des moralistes et de la poussière sur laquelle ils ont voulu consolider leur édifice que le plus faible souffle suffit pour renverser.

VII

Nous venons de parler de la foi et de la croyance, dans un précepte à la suite duquel leur définition ne serait peut-être pas superflue.

Les chrétiens qui se trouvent si f... es sur cet

article, ne distinguent pas toujours la limite où cette foi n'est qu'une simple croyance. L'une et l'autre ne devraient cependant pas être confondues.

La croyance repose sur *des vérités certaines* qui donnent la persuasion, et la foi sur *des vérités évidentes* d'où naît la conviction ; ce qui fait qu'il est possible de croire à tout ce qu'enseigne la religion, sans en avoir la foi.

Et comme on ne se crée que des opinions ou idées confuses et inexactes des choses auxquelles on ne croit que littéralement ou par ouï-dire, il s'ensuit que la croyance n'est qu'un aquiescement qu'on leur accorde, une adhésion souvent inconstante et sujette à toute chimère et à toute hérésie ; ce que prouvent les transfuges et les dissensions qui subsistent dans la chrétienté, à qui la foi est presque aussi inconnue qu'elle l'est à l'infidélité.

La croyance ignore les vérités divines et leur enchaînement, elle s'y intéresse peu et pactise avec toutes les passions, avec toutes les déloyautés. La foi, au contraire, est une force qui les combat et qui les mine. Elle est une lumière, une vitalité que nous communique l'Esprit de Dieu. C'est un lien qui tient le fil de tous les mystères, et qui rassemble les hommes par les plus purs sentiments.

Saint Paul a très bien défini la foi, en disant qu'*elle est la substance même des choses qu'on espère*[1]. Cette version renferme tout ; on sent là

[1] Hébreux, xi, 1.

un rapprochement, une possession de Dieu et des choses divines, qui en dévoile la nature et en donne l'assurance d'une façon très différente de celle qui nous fait croire qu'il y a en Turquie ou dans l'Inde une ville appelée Constantinople ou Pondichéry que nous n'avons jamais vue.

Voilà en quoi la croyance est distinguée de la foi : l'une a les faits historiques, la parole, *le témoignage des hommes* [1], et l'autre *le témoignage de Dieu* manifesté en nous.

C'est cette dernière qui *transporte les montagnes* [2] ou les enflures de l'orgueil, *qu'un grain de foi* ou le plus petit effet de la vertu de Jésus-Christ, a la puissance de plonger dans l'abîme, ce que pourront constater ceux qui, las de patauger dans l'ornière du mensonge et des illusions, entreprendront d'éprouver les vérités du Christianisme, avec l'aide de la science dont nous groupons ici les matériaux.

Pour leur en faciliter les moyens, donner du soutien à leurs premiers pas et les mettre en garde contre tant de philosophistes dont notre siècle est hérissé, et qui pourraient les arrêter par des insinuations perfides et hypocritement amenées, nous allons entrer dans de nouvelles démonstrations.

Qu'ils sachent, avant tout, que la science divine

---

[1] Ire Épître de saint Jean, v, 9, 10.
[2] Marc, xi, 23.

est totalement inconnue de ceux qui la contredisent ou à qui elle porte ombrage, et qui voudraient en détourner l'attention ou l'assaillir par des écrits ou des paroles destructeurs.

Mais cette science, fixée sur deux bases qu'on ne saurait ébranler : LE CHRISTIANISME et LA NATURE, a toujours été et restera toujours invulnérable aux traits de ses adversaires.

La première de ces bases, *le Christianisme,* a pour champ l'Évangile dans lequel on puise les vertus, les lumières et les armes éloquentes, devant lesquelles se confond l'impudence des détracteurs de tout ce qui a Dieu pour objet.

L'Évangile est la *bonne nouvelle* apportée par LE CHRIST, par L'HOMME-DIEU. Aussi, sous un énoncé de la plus modeste apparence, il possède des beautés prodigieuses et inépuisables. Il diffère essentiellement des formules bornées du discours humain, et cache des sens mystiques qui contiennent *la profondeur de Dieu même* [1].

L'homme ne conçoit pas une bonne pensée qui n'ait sa souche dans cet inappréciable Testament. Il ne soulève pas une question philosophique dont la solution n'y soit en résumé. Et ce livre n'est pas seulement la doctrine et la règle du Christianisme, mais il embrasse encore la nature physique, dont, par analogies, il dévoile les secrets qui, sans ce guide, sans cette clef, restent inaccessibles à ceux

[1] Ire Epître aux Corinthiens, II, 10.

mêmes qui se croient le plus haut placés sur l'échelle du savoir.

Les richesses de l'Évangile sont au-dessus du discernement de la raison et de l'esprit ordinaire de l'homme, quelque déliés qu'ils soient et quelque attention qu'ils mettent à fouiller et à chercher.

L'Esprit de Jésus-Christ, par qui ce saint livre a été dicté, peut seul nous faire saisir ce qui y est caché, parce que Jésus-Christ seul est *la voie, la vérité et la vie* [1], parce qu'*en lui sont renfermés tous les trésors de la sagesse et de la science* [2], et que par lui, enfin, on trouve *le royaume de Dieu, et tout ce qui est donné en surcroît* [3] ; c'est-à-dire que LA LUMIÈRE DE DIEU, en dotant *l'âme studieuse* des vertus chrétiennes, *y jette aussi les premiers fondements des connaissances de la nature et des biens inestimables qui peuvent en provenir.*

Ceci fait voir que cette lumière de Dieu n'est pas creuse comme celle du monde, puisque, ce dernier, si instruit qu'il soit, dans ce qui est de son domaine, entretient des coutumes et des vices quelquefois très méprisables.

La seconde base de la science divine est la nature.

Moïse nous apprend que *Dieu mit l'homme dans un paradis terrestre, dans un jardin qu'il lui avait préparé* [4].

[1] Jean, xiv, 6.
[2] Colossiens, ii, 3.
[3] Matthieu, vi, 33.
[4] Genèse, ii, 8, 15.

Il faut dire, avec saint Augustin, que « c'est au « milieu des miracles de la nature, et dans l'enceinte « de sa plus poétique grandeur, que Dieu plaça « l'homme ; lequel devait être occupé à cultiver ce « jardin, non par un travail pénible comme celui « d'aujourd'hui, mais avec une douce facilité ac- « compagnée de réflexions charmantes. »

« Cette culture d'une terre supérieurement fertile « était alors, non le supplice d'un homme condamné « au travail, mais la joie et les délices d'un bien- « heureux. Il en tirait continuellement des sujets « d'une contemplation sublime, proportionnée à la « sainteté de son état et à l'élévation de son esprit. Il « admirait les relations si essentielles des soins que « les plantes reçoivent sur terre, avec l'effet des in- « fluences que Dieu leur envoie du ciel. »

Et quoique ces belles choses soient devenues obscures, couvertes qu'elles sont par les sciences banales, nous ne laissons pas que d'en être frappés encore quand nous sommes capables de les apercevoir.

La nature, en regard du Christianisme, est toujours l'interprète de Dieu et le miroir de sa révélation. Les vérités évangéliques qu'elle tient en dépôt depuis la création, et dont l'examen a guidé les prophètes, sont encore représentées en elle de la manière la plus évidente, sous les symboles les plus attrayants et avec des couleurs assez vives pour séduire le cœur et captiver l'esprit.

S'il n'en était pas ainsi, on aurait lieu de douter que le Christianisme fut une institution divine, car Dieu opère identiquement dans toutes ses œuvres; et le Christianisme ayant les mêmes rouages que la nature, il doit laisser voir avec elle des actions semblables.

Si on en voulait quelque aperçu facile à comprendre, on pourrait le chercher dans les végétaux qui nous entourent. Qu'on étudie le mécanisme qui les met en mouvement, l'esprit qui les fait sortir de leur région mystérieuse, où, après avoir reçu dans le secret leur vivifiante préparation, en s'unissant à la source universelle d'où tout provient, chacun prend la forme qui lui est particulière et reçoit successivement sa croissance, sa beauté et ses qualités.

En découvrant le merveilleux de ces opérations, on sera forcé de convenir qu'il faut que la matière, inerte et informe en elle-même, soit mue et déterminée par une intelligence bien grande, pour nous montrer dans une mutabilité continuelle et toujours féconde, des phénomènes si surprenants et si propres à étourdir notre orgueilleuse raison.

On sera persuadé également que cette matière tient à un principe qui, par des moyens assortis, agit ou tend à agir en elle, selon la spécification qu'elle a et la forme qu'elle doit prendre. Or, cette action que l'on peut considérer comme divine, est, dans la matière, ce qu'elle est dans les vertus régénératrices du Christianisme, quelque différentes que soient leurs classifications. Un même moteur, agissant sur des causes secondaires, diversifiées en espèces et en genres, produit des effets variés à l'infini ; mais il reste toujours uniforme dans son mode d'opérations.

Le feu, par exemple, calcine les pierres, fond les métaux, incinère les plantes, volatilise les sels, fait évaporer les liquides ; et ces effets dissemblables ne proviennent *que d'une action unique :* celle de brûler, qui est le propre du feu.

Dieu, Principe de la vie, n'agit pas autrement qu'*en vivifiant* tous les êtres et en développant en eux ce qu'il y a mis de convenable et de nécessaire à leur existence, à leurs propriétés, à leurs capacités. Il répète ainsi, dans l'ordre physique, ce qu'il fait spirituellement dans l'ordre moral et, par là, rend l'un l'image fidèle de l'autre.

Saint Paul nous le donne à entendre quand il dit que *les perfections invisibles de Dieu, sa puissance éternelle et sa divinité sont devenues visibles depuis la création du monde, par la connaissance que les créatures nous en donnent* [1].

Il est incontestable que ces paroles ne visent pas à l'aspect des choses que nous avons sous les yeux, mais à ce qu'elles renferment d'actif et de figuratif dans leur *nature centrale,* qui se met à jour *par les analyses* de la véritable science.

[1] Romains, 1, 20.

Tout ce qui était incompréhensible dans le Créateur devient alors intelligible hors de lui et nous permet d'avoir de ses qualités, de sa présence et de son action en toutes choses, une pensée relativement exacte.

Alors, que d'admirables sujets ne s'offrent pas à notre méditation de la nature, considérée particulièrement dans ses rapports avec Dieu et la religion !

Observons encore *une graine* et sa végétation ; nous apprendrons bientôt que l'humide qui la détrempe en terre, y allume LE DÉSIR de la vie dont, avec véhémence, elle attire *l'esprit*. Cet *esprit*, répandu dans l'air et plein des influences célestes, pénètre dans le sein de *la graine;* il y provoque un mouvement de fermentation qui fait poindre le germe, d'où se détachent la racine et la tige. Ceux-ci, nourris *des sels de la terre* et de *l'esprit vital* qu'ils aspirent sans cesse, se déploient dans la construction *de la plante d'où la graine est provenue* et dont la perfection ressort des teintes et du parfum de ses fleurs ou des qualités de ses fruits.

On voit, comme nous l'avons dit, que LE DÉSIR OU L'ATTRACTION est, dans tous produits, la première propriété qui s'empare de la vie. Sans cette attraction, *la graine*, réduite à elle-même, pourrit infructueusement. Mais l'action magnétique existant en elle, l'agent ou *esprit de la nature*, qui est attiré, lui ouvre les portes de la vie et la fait renaître *plante* qui prend part aux manifestations des merveilles du Créateur.

C'est ainsi que l'Esprit de Dieu vient féconder l'âme humaine, quand *le désir* de cet Esprit y est vivement exprimé. Il la transforme, en la tirant d'un état de mort et de ténèbres pour la faire revivre sous l'affluence de sa lumière et des bienfaits qu'elle en reçoit ; qu'elle fait rejaillir sur tout ce qui l'entoure comme *la graine* devenue *plante* par *l'esprit de la nature,* offre au goût, aux yeux ou à l'odorat, ce qui peut être leur utilité ou leur agrément.

VIII

Nous le répétons : c'est sur *le désir* que l'action de l'Esprit de Dieu s'effectue dans ce qui vit ou végète. Cette action se cache sous mille moyens, sous mille phénomènes, selon les régions où elle opère ; et elle entretient ou conduit chaque chose qui lui est soumise à la perfection qu'elle comporte.

Le désir, s'il est ardent, est la plus vive expression de la prière, la plus puissante attraction de la grâce. Il est la force par laquelle Dieu commence ses ouvrages, le premier effet de SA SUPRÊME VOLONTÉ, et le fond sur lequel se greffent toutes vertus et qualités.

Sans *le désir,* le Ciel ne contracterait aucune alliance avec la terre ; aucune union, aucune alimentation, aucune génération n'aurait lieu dans l'ordre spirituel, ni entre les éléments et leurs nombreuses productions. Enfin sans *le désir,* la vie ne viendrait pas chasser la mort, ni répandre ses largesses, contenues dans la lumière qu'elle reçoit, comme le sont les couleurs dans les rayons solaires.

Ainsi les mouvements de la nature, de même que ceux qu'éveille le Christianisme, sont dûs *à cette propriété, à cette attraction qui caractérise le désir,* ce qui a été reconnu et sanctionné par les Apôtres.

« *Toutes les créatures,* dit saint Paul, *gémissent, soupirent et sont au travail* [1]; » toutes par *le désir,* tendent vers ce qui peut répondre *à la faim qui les dévore ;* toutes, par le vide qui est en elles, appètent *le Dieu qui les a créées, qui est le comble de leur satisfaction ;* et que l'homme, avec sa raison, cherche dans tout ce qui en est on ne peut pas plus éloigné.

Voilà comme la nature, religieusement comprise, devient un pilier de la science divine ; et ce livre n'est pas suspect, la vérité ne s'y trouve pas tamisée au travers du cerveau de l'homme, ni altérée par aucun courant d'opinions aveugles, de systèmes imaginaires, de vues d'ambition ou de

---

[1] Romains, VIII, 22.

spéculation ; et chacun peut apprendre à y lire, sans craindre d'y rencontrer l'erreur.

Sur chaque page de ce livre est empreint le sceau de la divinité. Tout y marque sa présence ; et par les choses, si minimes qu'elles soient, jusqu'aux plus grandes, jusqu'aux plus élevées ; la nature, dans son admirable symbolisme, nous initie au secret de ses mystères et à ceux de la religion.

Elle nous montre dans la terre, ce *désir* dont nous parlons ; AIMANT INALTÉRABLE, *avide des vertus célestes* qui viennent y composer *le sel essentiel, la substance nutritive* qu'elle est chargée de répartir à tous les êtres, directement aux uns ou aux autres par l'intermédiaire de ses produits.

Elle devient ainsi la nourrice de tous, puis ensuite le tombeau dans lequel ils sont enfouis, afin de se corrompre et quitter leurs dépouilles épuisées, pour revivre dans une création semblable ou plus noble, en communiquant de nouveau avec les sources de la vie.

Ceci, basé sur les plus imposantes vérités de la nature et de la saine philosophie, rejette l'innovation que nos contemporains *crémationistes,* voudraient introduire dans les usages relatifs aux inhumations. *Calciner les cadavres, qui sont autant de foyers de pourriture, d'où émanent des pestilences dangereuses pour les vivants. Réduire les morts en cendres,* est devenu un pivot d'allégations, autour duquel les intéressés se distinguent par un flux de paroles qu'ils font facilement admettre des matérialistes, toujours insatiables d'entreprises qui rivent leurs idées aux ténèbres dans lesquelles elles voltigent.

On attribue à des germes morbides provenant des corps décomposés, les épidémies qui, par instants, déciment les populations.

On devrait observer que, où ces fléaux passagers font peu de ravages, c'est dans les quartiers aérés qui environnent les cimetières ; ceux-là sont les moins éprouvés, ce qui atteste assez que les miasmes putrides dont en ces lieux on suppose la présence, ne sont qu'un expédient pour justifier des projets que, sans cela, la raison aurait honte d'avouer.

C'est l'air vicié des rues sales et étroites, ce sont les habitations insalubres, c'est l'agglomération de gens peu soucieux des observances de l'hygiène, c'est le mauvais régime d'alimentation qu'ils suivent, et le déplorable état de leurs corps ; c'est l'abus des boissons, ou l'usage de celles qui sont pitoyablement imitées, ou falsifiées et empoisonnées : telle est la cause vraie des maladies qui s'abattent sur la misère avant tout.

La folie de ceux qui savourent le délicieux bonheur d'être rôtis ne peut donc, comme toutes les folies, passer pour de la sagesse. Brûler les cadavres est un crime médité dans un but de spéculation ; et, pour le plus grand respect que l'on doit aux morts, espérons que les lumières sacrées et même le sens commun n'adopteront jamais la *crémation ;* méthode chimique et profane par laquelle on soustrait les corps au travail de la terre qui, aussi bien que le feu, purifie tout ce qui s'amalgame avec elle.

Une modification que l'on pourrait proposer publiquement, si on ne craignait pas de se heurter contre les préjugés et la ténacité des coutumes : ce serait de déposer les corps en terre, sans les enclore de planches, de plomb, et quelquefois de pierres, choses qui s'opposent absolument à leur purification, dont, sans cela, la terre se chargerait sans délai.

« La terre, dit M. de Saint-Martin, n'est pas seu-
« lement la corne d'abondance pour l'état actuel de
« l'homme ; mais elle est encore le creuset des âmes
« et celui des corps, puisque c'est en elle que se pré-
« pare la substance qui sert de base à la régénéra-
« tion ou à la renaissance de tous les êtres. »

Ces vérités qui émergent de la nature, condamnent et repoussent inflexiblement tout ce qui se rattache aux extravagances de la *crémation.*

Enfin, quand Jésus-Christ disait à Nicodème : *Si vous ne me croyez pas lorsque je vous parle des choses de la terre, comment me croirez-vous quand je vous parlerai des choses du Ciel* [1] ? il n'attachait cette expression *des choses de la terre,*

---

[1] Jean, III, 12.

à aucun objet extérieur provenant de la terre, mais à l'action de la vie que la terre aspire sans cesse et par laquelle *les semences* qu'on dépose en elle sont réanimées et deviennent les organes de sa prodigieuse fécondité.

Et cette connaissance *des choses de la terre*, lorsqu'on en est possesseur, offre à l'homme l'avantage de le conduire *aux choses du Ciel,* ou aux développements de l'action divine analogue, qui, sur son *désir*, s'accomplit dans son cœur par l'Esprit-Saint qui lui est donné.

IX

La nature, établie d'après le modèle du monde invisible, a un roi qui est le soleil. Elle nous présente ce roi comme la juste image d'un Dieu en *trois personnes* : celle du Père, *dans la substance incompréhensible* de cet astre ; du Fils, *dans sa rayonnante lumière ;* et de l'Esprit-Saint, *dans sa force active*. Triple puissance en unité indivisible et sans les manifestations de laquelle le soleil avec l'univers rentreraient dans le chaos qui s'ensuivrait.

Le soleil est *le tabernacle de Dieu, qui s'enveloppe de sa lumière comme d'un vêtement* [1].

[1] Psaume XVIII.

Dieu, dont le nom hébreu signifie LUMIÈRE, ne pouvait, dans celle du soleil, se couvrir d'un voile visible plus conforme à sa nature. Il ne pouvait trouver un fluide plus expansible, pour en occuper le centre, donner la lumière à la lumière et agir partout comme CAUSE VIVIFIANTE.

Et ce soleil dont le nombre *trois* caractérise également toutes les existences selon le genre de chacune, fixe le sentiment que nous devons avoir de leur principe, du Dieu TRI-UN, qui, dans sa *première personne*, est *le feu éternel de la vie* ; feu sans limite, insondable, insaisissable à l'esprit de quelque créature que ce soit ; dont la *deuxième personne* est *la parole* s'exprimant par ses effets, *la pensée* concevant, disposant, ordonnant, se produisant, communiquant *sa lumière,* et dont la *troisième personne* est *la vertu opérante*, communiquant à chaque chose la vie, et les qualités et propriétés qu'elle doit avoir.

Chez l'homme créé à l'image de Dieu, nous voyons le *corps,* base de son être, qui le met en rapport avec les objets matériels ; l'*âme,* siège de ses sentiments et sensations, et l'*esprit,* d'où s'élèvent ses pensées et son intelligence.

Le feu a aussi avec la *triple unité,* une similitude très grande. Il nous montre *son incandescence* corrosive, radicalement inconnue ; *son rayonnement* dont la clarté nous égaie et dissipe les ténèbres autour de nous ; et *sa chaleur* qui, proportionnée à nos organes, leur fait, au besoin, éprouver quelque bien-être, et, à intensités différentes, agit d'une manière plus ou moins variée.

Dans combien d'autres figures ne pourrait-on pas envisager ces vérités qui jonchent un champ inépuisable. Et en dehors d'une opiniâtre obstination, que deviendraient les armes des incrédules ?

La nouvelle naissance à laquelle l'Évangile nous invite, répond aux mystères de l'*Incarnation* et de la *Rédemption;* mystères peu compris et délaissés comme ne devant pas s'approfondir, quoique cependant ils ont leur application dans l'homme, de mêmes qu'ils sont représentés dans la nature.

Enfin cette dernière, en agissant par la lumière et la chaleur du soleil, nous parle des magnificences de Dieu. Elle nous parle de sa bonté, de ses largesses ; et, dit M. de Saint-Martin : « Quand « la saison d'hiver la prive de la présence de cet « astre, de cet organe qui vivifie toutes ses puis- « sances, son langage n'est plus qu'un langage de « mort, parce qu'elle ne jouit plus que faiblement « de l'usage de ses facultés. »

Par une transposition du physique au moral, on peut voir là l'état où sont les déistes par rapport à Dieu et à la religion. Ils ne croient pas à la Révélation, ils se flattent d'en méconnaître les avantages, et leur culte se fourvoie en dehors de la lumière et de la grâce, en dehors de l'onction d'un Dieu éloigné, renfermé dans son secret, et en qui toutes relations avec l'homme n'existent pas.

Du moment où ces relations ont lieu, du moment où Dieu se révèle, il est connu, il est béni, aimé, adoré dans cette révélation même et cesse d'être le Dieu des déistes pour devenir celui des chrétiens, en qui il répand ses dons, comme le soleil étend ses influences dans tout ce qui appartient à l'ordre de la vie élémentaire.

Les déistes n'admettent pas la Révélation !... Et cette lumière qui, depuis sa spiritualité divine jusqu'à sa forme apparente, fait la gloire de l'univers, que ne dit-elle pas à ceux que ses rayons éclairent ? Que ne leur dit-elle pas sur les vérités qu'elle représente, ou sur celles dont elle est la réalité, en leur montrant *la Cause* à laquelle est attachée la race humaine, l'espérance qu'elle peut avoir sur ses hautes destinées, et les devoirs qui en sont la conséquence naturelle.

Dans ces jeux diversifiés, quel superbe tableau n'expose-t-elle pas à nos regards, cette nature qui s'égaie en présence du soleil son époux ? Les beautés qu'elle déploie sous sa radieuse lumière ; corolles innombrables, suaves parfums, perles diamantines, voûte azurée des cieux, vapeurs lointaines qui donnent aux objets des teintes d'opale et des silhouettes majestueuses, tout concourt à l'ornementation de cette belle nature, tout se réunit pour compléter sa riche harmonie.

Puis, les premiers plans, rehaussés par des variétés de tons solides, et où les corps, par des réflexions qui en atténuent les ombres, semblent abandonner leur opacité, pour devenir transparents, glorieux et nous peindre la splendeur de la nature éternelle, où les justes, dans la contemplation des merveilles qui remplissent l'infini, et, pénétrés d'admiration, goûtent la pureté, l'esprit, l'amour et la vie.

C'est ainsi que l'étude se nourrit dans le sein des œuvres de Dieu.

Et à combien de connaissances, belles, agréables et utiles n'arriverait-on pas, si on savait lire dans ce livre, où la première des sciences *est écrite* par l'action de CELUI qui fait les plus grandes choses à l'aide des plus petits moyens.

Mais la voie de ces connaissances n'est pas fréquentée! L'Évangile, ce code divin qui s'encadre dans les intéressantes beautés de la nature, n'est qu'une vieillerie dont les enfants eux-mêmes ne doivent plus s'occuper; et la CLEF DE SAINT PIERRE se rouille dans de ténébreuses conjectures; au lieu d'être, comme autrefois, le signe d'alliance au règne de Jésus-Christ, dans lequel toute élucidation devient facile.

Et pour laisser isolées la nature de la religion, et la religion de la nature, on ne possède, dans l'une et dans l'autre, que des demi-vérités, des vérités qui ne permettent pas d'embrasser l'ensemble des choses. Aussi, pour le monde, la nature est une lettre indéchiffrable; et si elle lui est inconnue, la lumière et les doux sentiments que Dieu inspire n'ont pas en lui beaucoup plus d'accès. Il vit étranger aux vraies délices de l'esprit et aux pures sensations de l'âme; il vit absorbé dans ses métiers, dans son ambition, dans ses spéculations dont la poursuite interminable dessèche son moral et le détourne de ce qui pourrait l'instruire fondamentalement, ne serait-ce qu'à certaines heures de ses loisirs.

Que de mensonges ont une large part dans le bon accueil qu'on a le temps de faire aux romans, quand les lumières de premier ordre ne rencontrent qu'antipathie et abandon! Que de mensonges plus ou moins curieux sont trouvés préférables à ce qui est utile.

Ailleurs, on s'évertue sur les bancs des écoles, on aspire aux brevets de capacités, au professorat, on se regarde comme élevé au pinacle de la science; et les vérités essentielles ont passé inaperçues! Dieu, Principe de tout, est resté oublié, inconnu, dédaigné, ainsi que sa puissance, dans les opérations de laquelle on trouverait un fond intarissable de richesses, qui exerceraient l'esprit, dans l'étendue la plus vaste et la plus distinguée.

Mais *on n'a aucun besoin de Dieu; et Dieu ne s'occupe pas de nous.* Voilà le raisonnement du monde et de la plupart des savants! Voilà leur logique affichée et mise par eux au grand jour, sans réfléchir à ce qui a été dit tant de fois : « Que

« la langue se meut pour proférer de tels blas-
« phèmes ; que partout où il y a mouvement, il y
« a vie comme cause efficiente, et que, où est la
« vie, là est aussi le Principe qui l'engendre, au-
« quel elle est aussi étroitement liée qu'un cours
« d'eau l'est à la source qui l'alimente, et dont la
« désunion le dessécherait et le réduirait au
« néant. »

L'homme ne peut pas se passer de Dieu. Il ne saurait vivre que dans le Principe et par le Princ-
d'où il est sorti.

« En lui, dit saint Paul, *nous avons la vie, le mouvement et l'être*[1] ; » notre âme n'en est donc pas séparée, comme pourrait l'être une partie d'un tout matériel. Elle est avec Dieu comme la lumière du soleil, qui n'est pas le soleil, mais qui en provient sans interruption, et lui est indivisiblement attachée.

Et si cet astre, dans son règne temporel, ne peut suspendre l'extension de sa lumière ; Dieu dans son éternité, ne discontinue pas non plus d'entretenir la vie par sa vertu secrète.

Si le monde conteste sa liaison mystérieuse avec Dieu, il n'a qu'à s'arrêter sur ce qui est palpable ; les démonstrations ne lui feront pas défaut : il sait que l'air est un des soutiens de sa vie matérielle, et, que, s'il en était privé un seul instant, la mort ne se ferait point attendre. Or, s'il est dans une

[1] Actes, XVII, 28.

telle nécessité des causes secondaires, comment pense-t-il donc pouvoir échapper à la CAUSE PREMIÈRE, sans laquelle toutes les autres qui en sont vivifiées ne seraient que des forces d'inertie complètement inutiles.

Le monde, pourtant, se berce dans cette folle pensée d'indépendance. Sans doute parce qu'il se croit affranchi par là des obligations auxquelles l'engagerait consciencieusement une conviction opposée.

Et il préfère se priver de la lumière et de ses bienfaits que de repousser une opinion qui emporterait avec elle le charme de ce qu'il aime; l'illusion des lumières factices, qui relèvent les objets par d'artificielles beautés; l'enchantement des plaisirs qui en sont éclairés; l'orgueil du luxe qui brille à leur éclat; toutes choses qui accompagnent les rêves, les passions, et tout cet attirail d'intrigues, de combinaisons et de bagatelles qui constituent le fond de la vie terrestre, à la suite de laquelle, souvent, on ne voit plus rien, pas même le calice d'angoisses qu'on se prépare, et qu'il faudra boire jusqu'à la lie.

X

Ce n'est qu'en agissant conformément aux lois centrales de son être, que l'homme sent se dissiper la nuit qui enveloppe sa nature céleste.

Jusque-là, il n'est le foyer d'aucune répercussion de la divine lumière.

Mais pour poursuivre cette œuvre de rénovation il faut qu'il se mette en garde contre l'orgueil instigateur de la grande partie de ses désordres ; et pour cela, cette souche d'erreurs, si rameuse, si profonde et si difficile à extirper, ne doit pas lui être inconnue.

L'orgueil est une enflure, une fausse élévation en vue de nous-mêmes ; c'est un aveuglement qui sépare le Créateur d'avec la créature.

Par l'orgueil, l'homme est tombé, et c'est l'orgueil qui maintient sa réprobation, par les fautes successives dont il le rend coupable.

L'orgueil est le *levain sacrilège* qui a décomposé la sublime complexion morale de l'homme. Aussi, c'est en vain qu'il cherche la vraie philosophie, s'il conserve une tache si contraire à l'établissement de ses principes. Jamais, avec cet obstacle, il n'arrivera à voir la lumière dans sa cause ; car *Dieu se cache aux orgueilleux. Il ne*

RÉVÈLE SA SCIENCE *qu'aux petits et aux humbles* [1].

Et l'humilité dont il est ici question n'est pas seulement celle où sont immolées toutes les nuances de l'orgueil, mais c'est encore une humilité qui, dans l'essor de la vie, rapporte à Dieu tout ce qui tient à l'esprit, à l'intelligence, et aux bons sentiments et actions.

A quelle distance l'homme n'est-il donc pas de cette disposition, lui qui ne connaît que soi, et n'attribue qu'à soi ce qu'il enfante d'utile, ainsi que le bien qui s'ensuit ?

La nature divine est incompatible avec cette rivalité qui semble vouloir usurper sa couronne, lui ravir son sceptre, lui disputer sa gloire, et se faire centre de toutes les manifestations bonnes de la vie.

En matière de religion, c'est cette vue propriétaire, fixée sur le mérite de la dévotion ou de la surérogation, qui fait le cagotisme et le pharisaïsme. On fréquente les sacrements, on prend part à toutes les cérémonies de l'Église, on observe ponctuellement les jeûnes et les maigres, on assiste les pauvres, on récite des amas de prières... Avec un si bel étalage de faits aussi recommandables, quelle place élevée ne doit-on pas avoir un jour dans le Ciel ?...

Cependant, l'Évangile nous apprend que c'est le publicain, que c'est l'homme qui, envisageant le

[1] Épître de saint Pierre, v, 5.

besoin du secours continuel qu'il a de Dieu, met humblement et exclusivement sa confiance en lui ; que c'est celui-ci qui fut justifié, et que le superbe, rempli de lui-même et du compte de ses actes dont il fait l'énumération et suppute la valeur, celui-là fut rejeté [1].

Et cette admiration de soi ; cette faute d'Adam, faute héréditaire qui se répète dans tous les hommes, n'est-elle pas leur faiblesse constante ? N'est-on pas pharisien dans tout ce que l'on pratique et n'est-ce pas toujours ce MOI présomptueux, exclusif qui gonfle la pauvre humanité et la tient si éloignée de Dieu, si indigne de le connaître et si incapable de l'aimer ?

L'orgueil, appuyé sur ce MOI, vient sans cesse côtoyer les œuvres de l'homme. Il oublie toujours que Dieu est l'auteur, l'inspirateur et le dispensateur de tous les dons, de tous les biens, et que, ayant donné à l'homme LA VIE ET SES FACULTÉS, ce sont ces dernières tournées vers ce qui est leur raison d'être, qui, sous l'inspiration divine, lui donnent la possibilité d'acquérir des vertus, d'accomplir de nobles actions, et de porter ses goûts dans les arts, les sciences ou l'industrie, compléments de la création, confiés à ses soins et à son travail.

Mais de toutes ces libéralités dont l'homme fait usage, pas une n'a illustré son berceau, et s'il lui vient quelque aptitude pour l'une ou pour l'autre,

[1] Luc, xviii.

s'il se distingue par celle-ci ou par celle-là, c'est que *la pensée de Dieu* s'est imprimée dans sa vie, et que, saisie par l'intelligence, elle entre dans un courant de progression qui fait que l'homme s'y attache, la proclame ou la met à exécution. C'est ainsi que tout paraît et suit sa marche en temps et lieu.

Dans toutes découvertes, Dieu cache sa secrète opération sous les forces et la sagacité de l'homme ; et ses dons, dirigés par sa Providence, font cette grande variété de talents appliqués à tant d'utilités diverses. *C'est donc Dieu qui, avant tout, doit en avoir la gloire.*

Et si, dans la nature, chaque chose doit recevoir une alimentation sans laquelle elle reste stérile, ou est plus ou moins rapidement livrée à sa destruction, la vie en réclame une également. L'homme n'est pas plus maître de la perfectionner, ni de l'étendre dans ses capacités, sans recours continuels, qu'il ne l'a été de se la donner lui-même. Or, cette vie, LA LUMIÈRE, est son aliment, au défaut duquel elle n'est qu'une activité bestiale subordonnée aux besoins du corps.

Quand elle met en vue des qualités, c'est-à-dire tout ce qu'elle peut avoir d'aimable, de doux, de spirituel, d'intelligent ; quand elle s'élève au degré des pensées sublimes, des actes héroïques, etc., c'est par la lumière divine qui, directement ou par le concours de causes intermédiaires, vient l'animer et la gratifier de ce qu'elle a besoin, pour éclore selon ses tendances.

Rien de bon ne naît dans l'homme que par cette union de sa vie avec ce qui vient de son Principe. Par lui-même il n'a que son libre-arbitre, le mal, et la nécessité où il est de recevoir *enté sur sa nature sauvage, l'olivier franc* [1] qui doit modifier *sa sève* pour lui faire porter *des fruits salutaires*. Et cette nécessité, nous l'avons dit, est symbolisée dans tous les sujets de la nature ; tous éprouvent *un désir sourd, un travail interne, par lequel ils attirent ce qui leur manque* pour arriver à leur perfection ; ou pour rendre visibles ou compréhensibles les empreintes dont ils sont dépositaires.

Sans ce *quelque chose* dont ils ont absolument besoin, tout reste en léthargie, tout sommeille à l'état d'embryon.

Ainsi chaque être sorti de Dieu, ayant une propension innée pour ce qui, dans ce centre de tous biens, est assorti à ses propriétés, à ses facultés ou capacités, l'homme qui y puise sans interruption ne peut judicieusement rapporter à soi rien de ce qui en procède. Et comme Dieu ne lui donne ou n'agit en lui qu'en proportion du sacrifice plus ou moins grand de personnalité qu'il y trouve, si cet homme veut marcher au flambeau de la céleste lumière, il faut qu'il combatte ce qui s'oppose à sa transmission, c'est-à-dire cette personnalité qui en

---

[1] Romains, xi, 17.

est la plus forte barrière. Il faut qu'il déteste l'amour de soi et le perde dans l'amour de Dieu, lequel amour ne s'engendre que dans *les cœurs humbles,* et où commence à poindre *l'aurore du soleil divin ;* car *on donnera à celui qui a déjà* [1], à celui qui, rattachant tout à sa véritable cause, regarde les traits de vertu, d'esprit ou de génie, comme l'impression des pensées de Dieu ; et comprend que se faire centre du moindre de leurs effets, c'est méconnaître l'action divine sur l'homme, et chercher dans ses prétentions, des sources de bienfaits qui ne découlent que du Créateur, seul Dieu du ciel, de la terre et de tout ce qu'ils contiennent.

XI

Malheureusement, ces vérités que la religion enseigne, que la nature démontre, que la science prouve, sont en discrédit parmi la généralité des hommes. L'attention soutenue qu'ils portent aux choses du monde leur en fait perdre la trace ; ou les leur fait voir vaguement ou contrairement à ce qu'elles sont. Ils veulent la lumière, le mérite, la sagesse, etc., et ne les devoir qu'à leurs propres moyens. Imbus de cette prétention, au lieu de

---

[1] Marc, IV, 25.

s'occuper des connaissances qui modifieraient la trop bonne opinion qu'ils ont d'eux, ces connaissances, pour le grand nombre, ne sont que de puériles inventions; et les promesses de la vie future, selon les préjugés de presque tous, n'ont rien qui puisse servir d'appui sérieux à une volonté mieux dirigée de leur part, ni à un plan de conduite plus en rapport avec la perspective dont beaucoup de leurs actes devraient être les heureuses lignes.

Les uns regardent le monde comme s'entretenant par lui-même, ayant toujours été, et ne devant jamais finir. Ils donnent ainsi la mesure de leur jugement, en émettant l'idée d'un mystère bien plus indéfinissable que celui d'une *Cause première* d'où tout est sorti et où tout doit rentrer avec la spécification que chaque être a eue ici-bas.

Si l'univers était sans commencement, il serait sans fin indubitablement ; mais alors la nature ne serait pas en butte aux vicissitudes qu'elle éprouve ; l'éternité et l'immutabilité régneraient dans ses moindres parties, aussi bien que dans son ensemble.

Si les détails ne sont que les phénomènes d'un moment, ils témoignent que l'univers qui leur donne l'existence a commencé et doit finir comme eux. L'identité entre les productions et les agents producteurs est tellement uniforme, tellement invariable, que rien n'est dans les unes qui ne soit dans les autres. C'est la même vie qui les meut, les mêmes éléments qui les constituent, les mêmes lois qui les régissent et le même fond qui les reçoit successivement, par la dissolution de leurs enveloppes, jusqu'à ce que s'opère celle de l'univers, dont la perpétuité n'est supposée que par défaut de méditation et attention chez ceux qui en conçoivent l'opinion.

Si l'univers avait toujours existé et devait se conserver tel qu'il est ; tout en lui aurait une stabilité semblable. Cependant, à part le peu de temps que durent les choses, combien n'y en a-t-il pas qui ont fait et font leur apparition aux époques où elles doivent se montrer ? Combien d'autres nous ont échappé pour disparaître sans retour ?

Et la dégénération lente, mais progressive de l'homme, constatée par les amoindrissements de sa vie moyenne, n'est-elle pas le prélude de son extinction future, laquelle coïncidera avec la fin de l'ordre temporel dans lequel il vit, qui a été annoncée, et qui aura son exécution, comme l'ont eue les prophéties relatives à la passion de Jésus-Christ.

L'arrêt de cette fin, puisque nous en parlons, est écrit dans la nature : les fermentations volcaniques qui agitent la terre, et font de moments en moments des victimes en beaucoup d'endroits, présagent qu'une époque viendra où un cataclysme final aura lieu. Ce sont autant d'avertissements des tendances de la terre.

La terre est un aimant du feu céleste qui, par mille phénomènes, pénètre dans ses entrailles, va augmenter son foyer incandescent, et y accumule ses forces.

Si la terre se refroidit extérieurement, son centre devient de plus en plus igné.

Quand ce feu concentré, prenant enfin toute domination, rompra ses entraves, *au milieu de la foudre et d'une effroyable tempête qui envahiront tous les cieux* [1]; la terre fera explosion. Tout ce qu'elle porte et contient sera englouti. Les hommes vivants et les restes de ceux qui ne seront plus, entreront dans cette incinération, suivie de clarification et rétablissement parfait, après lesquels il leur sera dit : *Habitants de la poussière, écoutez la parole de l'Éternel; écoutez-la, os secs, et revivez* [2]. Alors, par la puissance de cette parole, et des causes secondaires qu'elle s'adjoindra, ils se reconstitueront et seront réanimés.

Ceux que ce futur état de choses intéresse peu, qui ne croient ni à un commencement ni à une fin, ceux-là tiennent de haute école que la matière se meut d'elle-même, que l'univers marche seul et continuera ainsi dans une succession de temps interminable.

[1] II° Épître de saint Pierre, III, 10, 13. Luc, XXI, 25, 26.
[2] Ézéchiel, XXXVII, 4.

Les mouvements, les constitutions et combinaisons si justes et si admirables de chaque être, de chaque objet, sont, à leurs yeux, les résultats du hasard.

Pour eux une cause imaginaire controuvée, une cause qui n'existe pas, peut être suivie d'effets visibles, précis dans leurs représentations et toujours semblables dans leurs répétitions.

En plus, cette catégorie d'incrédules trouve dans son génie que la vie provient de l'arrangement des nerfs et du concours des organes, dont les fonctions établissent une circulation des sucs nourriciers; d'où s'ensuit leur élaboration et leur subtilisation, poussées jusqu'au degré du sentiment et de l'intelligence.

C'est le *hasard,* c'est le *non-être,* qui a su disposer ainsi la structure compliquée du corps humain, dans laquelle rien n'a été omis pour y allumer le feu et toutes les facultés de la vie.

Et pour ces matérialistes qui transforment les aliments en lumière, en affection et en bonheur, cette vie n'étant pas l'essence même d'un Principe éternel, doit incontestablement s'éteindre comme une lampe quand elle est épuisée. C'est la conséquence d'un raisonnement dont l'illogisme plonge ceux qu'il captive dans les erreurs les plus compactes.

Si Dieu n'existait pas, rien ne serait. Il est vrai que toutes choses, dans la nature, ont leurs éléments générateurs ; mais ces éléments furent créés par Dieu, qui leur donna des lois comme à l'univers afin qu'ils puissent être gouvernés et agir selon sa volonté.

La nature a ses matériaux. Elle a ses influences, ses mouvements et ses attractions. Elle a les doses de ses compositions. L'eau, qui abreuve la terre pour la faire fructifier, est aujourd'hui semblable à celle qui se produisait il y a plusieurs siècles. Les êtres sont dans leurs formes, dans leurs qualités, dans leurs couleurs, odeurs et saveurs, absolument comme ceux d'autrefois. Ils ont leur mode d'action approprié, leur temps déterminé et suivent une ligne dont ils ne s'écartent pas, tant que rien ne fait résistance à l'ordre qui leur est prescrit. Et si le hasard, depuis si longtemps, n'a pas embrouillé cette belle harmonie, c'est que le hasard n'est qu'un fantôme substitué à Dieu, par l'aveuglement de ses malheureux ennemis.

Vraiment, lorsqu'on regarde sans prévention cet ouvrage de l'univers, son espace devant lequel tout calcul se dérobe, ce soleil, vaste luminaire qui éclaire les mondes, toutes ces planètes qui, sans chemins tracés, suivent des courbes régulières, cette multitude d'étoiles scintillantes, dont la lumière des plus rapprochées, lumière qui parcoure environ 300,000 kilomètres par seconde, met dix ans et plus pour arriver jusqu'à nous, dont celle des plus éloignées ne fait que s'apercevoir depuis l'origine des choses, ce qui explique leur récente découverte et donne à penser quelles peuvent en être la grosseur et la distance, petite, en comparaison de celle de beaucoup d'autres, dont les apparitions ne nous parviendront jamais.

Lorsqu'on passe en revue ce qui tient à cet ensemble gigantesque, il faut être bien épais pour ne pas voir qu'il procède d'une grandeur, d'une puissance, d'une sagesse et d'une intelligence en opposition desquelles le moindre doute est criminel.

Puis, quand on l'étudie dans des parages plus rapprochés et qu'on s'arrête au nombre d'individus, qu'avec presque rien, Dieu crée miraculeusement, les uns en quelques mois, les autres en quelques jours ; et tous munis de variétés d'organes qui y font chacun leur office ; quand on observe l'anatomie de ces organes, les abris que leur ont trouvés d'inconcevables prévoyances, les systèmes qui leur donnent la mobilité, les formes qui leur sont particulières, les relations qu'ils ont entre eux, les places qu'ils occupent et qui leur conviennent pour déterminer dans chaque être les actes de la vie ; quand on examine au microscope les infiniment petits, monde invisible à l'œil nu, et constitué dans un achèvement qui confond ; quand on suit l'instinct des animaux pour ce qui a rapport à leur conservation, à leurs reproductions, à leurs migrations et aux métamorphoses en règle de quelques espèces ; lorsqu'on arrive au sondage des mers, de l'Océan, où animaux et plantes se meuvent, croissent et présentent tant de figures différemment bizarres ; lorsqu'enfin on sait apprécier mille détails, mille avantages dont tous sujets sont doués en faveur de l'homme : on se demande sur quoi se fondent les partisans du hasard pour oser accorder une foi quelconque à ce dieu chimérique.

Dans le règne végétal, n'est-ce pas une merveille que cette humidité de la terre, pompée par des myriades de racines dans lesquelles elle fermente, reçoit de chacune une empreinte spéciale, et devient *sève,* qui monte limpide, pour former la configuration des plantes, en conservant leurs types, au travers des multiplications successives qu'elles franchissent dans le cours des siècles.

Cette sève est une eau combinée avec *le sel de la terre* et l'*essence végétale spécificative* qu'elle rencontre dans les racines ; mais si un principe vivifiant n'en occupait le centre le plus profond, pour en développer l'action et les qualités, elle resterait inerte et insipide.

Si les phénomènes auxquels elle donne lieu sont attribués, par la physique, à la chaleur qui dilate l'eau et à la présence de tubes capillaires qui en favorisent l'ascension et la circulation, il n'en est pas moins vrai qu'en dehors de ces moyens, la sève, qui est un assemblage volatil d'éléments appropriés, passe, avant d'arriver à l'état de sève, par un travail dont la physique n'a même pas la première notion. Et ce travail suivi dans le cours des saisons, dispose la sève à répondre aux différents progrès que parcourt le sujet, jusqu'au point où il fournit *la semence* affectée à sa reproduction.

Quelle part le hasard peut-il donc avoir, dans des opérations aussi exactement continuées et répétées et qui en sont le paradoxe le plus complet?

Et pourquoi ce hasard, qui devrait être si fécond dans les anomalies qu'il comporte, pourquoi n'élève-t-il pas des édifices comme il a soi-disant formé l'univers? Pourquoi ne donne-t-il pas la locomotion et la croissance aux automates, comme il le fait aux plantes et aux animaux? Pourquoi ne produit-il pas des bâtons réguliers à trois bouts, ou autres singularités dignes de sa cause?... C'est que le pouvoir que ses adhérents lui confèrent n'a de réalité qu'en vertu de leur raison qui patauge, de leurs sentiments qui s'abaissent et de leur vue qui se fourvoie dans les sinuosités du plus déplorable égarement.

Ont-ils jamais rencontré quelques machines, quelques mécaniques dont le mouvement était dû au hasard?... Ont-ils connu des peintres assez niais pour attendre que leurs couleurs viennent se mélanger d'elles-mêmes sur la toile, afin de représenter l'ensemble et les détails des tableaux qu'ils méditent?... Ont-ils entendu l'instrument d'un musicien rendre seul et par hasard des notes isolées, ou formant la composition d'une mélodie quelconque?... Non! ils sont convaincus que le fonctionnement ou la pratique de ces arts, a son moteur ou sa cause exécutrice, et que le hasard, si grand qu'ils le supposent, n'y participe en rien.

Pourquoi le bon sens leur échappe-t-il donc quand il s'agit de l'univers; et pourquoi ne sont-ils pas pénétrés qu'il provient aussi d'un Principe qui lui est intime, et sans lequel, comme la peinture et la musique sans artistes, il serait resté dans l'abîme de l'inconnu?...

Une chose est à remarquer encore : c'est que le hasard n'ouvre jamais le cœur et l'esprit, ni ne dessile les yeux à ses partisans. Ils flottent dans un brouillard qui les empêche de reconnaître la source de cette vitalité, par laquelle sont mûs tous les ressorts de la nature.

Ainsi leur scepticisme ne repose sur rien ; il n'a aucune base ; il n'est autorisé par aucune lumière, par aucun fait que l'on puisse accepter. Il est le ténébreux nuage d'une imagination peu scientifique, et rien de plus.

Si on leur dit que c'est Dieu qui a créé l'univers et y a établi l'ordre qu'on y admire, quelques-uns se figurent qu'ils font une riposte très habile, en demandant *qui a créé Dieu?* quand la grandeur et la beauté de ce même univers nous arrêtent à la conception d'un être qui embrasse L'INFINI, et qui, n'ayant rien au-dessus de lui, n'a pu être créé.

Ceux qui veulent bien admettre Dieu, et s'inscrivent en faux contre l'immortalité de l'âme, n'ont pas plus de clairvoyance. Si Dieu existe, il est éternel, et s'il est éternel, la vie des créatures provenant de lui est éternelle comme lui.

Peut-on croire que Dieu a mis l'homme sur terre pour lui faire passer un temps plus ou moins long de souffrances, de misère, d'épreuves de tous genres et l'anéantir ensuite?

L'a-t-il créé pour s'en faire un jouet qu'il brise par plaisir ou par caprice à un moment donné, afin qu'il soit remplacé par un autre?... Non! le but du Créateur est mieux de sa part l'expression de ses hautes qualités envers l'homme, que ne le pense la pauvre ineptie. Et s'il a fait sortir de ses mains des êtres vivants, intelligents, c'est pour leur découvrir à jamais son amour sans fin et ses magnificences incalculables.

Méconnaître ce bienfait en doutant de la durée perpétuelle de la vie, c'est outrager la Divinité; c'est contester implicitement sa justice et son pouvoir; c'est sous-entendre que l'homme, avec des idées d'immortalité, serait capable de faire mieux *que n'a fait* le Créateur, *que n'a fait* l'Infini, comme si, dans les choses sensées, il pouvait y en avoir qui n'appartinssent pas à la cause suprême et qui eussent l'avantage de la surpasser en quoi que ce soit.

Dieu n'avait qu'à se désister de ses droits à la

gratitude de l'homme et le créer dépourvu de liberté, de spontanéité, impeccable alors, et il fût resté immortel dans sa constitution physique, comme il l'est dans l'essence de sa vie.

Le moindre témoignage de ce que Dieu pouvait n'apparaît-il pas dans les astres, qui, de substance parfaitement pure, traversent la durée du temps sans en éprouver d'altération ; et n'est-il pas permis de croire qu'en réunissant dans l'homme la forme à une vie intellectuelle, sentimentale, évidemment supérieure à celle des astres, il a dû exceller sur tous ses ouvrages, en faire son chef-d'œuvre immortel, son image vivante, son habitation sainte, et que cet homme, en s'alliant aux fruits grossiers de la terre et en introduisant dans son être simple, un mélange d'éléments matériels, composés et corruptibles, fut puni de son mépris pour la défense qui lui en avait été faite, et entra dans une concrétion qui le soumit aux ravages des années, des maladies et de la mort ?

Les écrivains ne font que balbutier, quand ils abordent la physiologie de l'homme primitif et qu'ils lui assignent une place à peine égale à celle des animaux.

N'ayant pas assisté au début de la vie humaine, et dépourvus qu'ils sont de connaissances fondamentales, au lieu de scruter les profondeurs de la nature où ils trouveraient le merveilleux collyre qui leur ferait entrevoir l'homme au delà de sa chute, ils s'engagent dans des rêves qui le leur montrent type hideux dès sa création ; type agreste, vivant de chair crue, de racines et de fruits incultes, ou assujetti à la servitude d'un travail pénible et forcé ; telle est la base sur laquelle sont établies leurs hypothèses.

Les noms qu'Adam a donnés aux animaux, noms admirablement trouvés, *qui sont leurs noms véritables*[1], et qui ont toujours été respectés, dénotent la supériorité de l'esprit qui agissait en lui.

Pour sanctionner les erreurs modernes, il se répand aujourd'hui une science, s'il est permis de l'appeler ainsi. Cette science traite de la création, et nie ou fait litière des franches traditions de la Genèse.

Ses publications sont jonchées d'ignorances proposées comme vérités, et il n'est pas un de ses propagandistes qui ne soit imperturbablement sûr que Dieu, *pour être aimé et adoré*, a fait l'homme une monstruosité dans l'abrutissement le plus complet.

Moïse, avec plus de bon sens et de savoir, nous apprend que cet homme fut créé *à l'image et à la ressemblance de Dieu*[2] ; et il ne pouvait pas en être autrement.

Quelle insouciance du vrai faut-il avoir, pour ne pas considérer que l'homme, sortant du sein de la

[1] Genèse, II, 19.
[2] Genèse, I, 26.

vie, de la lumière et de la perfection, ne pouvait présenter aucune défectuosité ; qu'aucune pensée du mal ne pouvait l'atteindre autrement que par séduction, et que les attributs de son Créateur devaient être répercutés dans son âme, de même que la forme, les traits et quelquefois les caractères des parents sont répétés dans leurs progénitures. La loi qui préside à toutes les générations est un indice par lequel on peut être fixé sur ce point.

Ce qui a fait errer les philosophes, ce sont les divagations de l'athéisme.

Elles ont montré aux uns l'espèce humaine sans commencement, ce qui ne s'accorde guère avec le dire des géologues, ou l'ont désignée aux autres comme provenant, les uns disent du singe, les autres d'un bourbier fangeux, cette dernière conjecture reposant sur une fausse interprétation de la Genèse[1].

Le premier homme ne fut constitué ni de boue, ni de chair et de sang corruptibles, tels qu'ils sont actuellement ; mais *le limon* qui lui donna la forme, ce limon animé ensuite par L'ESSENCE DE LA VIE, par son pur esprit et sa noble intelligence, fut *l'extrait* de toutes les parties bonnes de l'univers, aux influences desquelles la terre sert *de base* et *d'appareil condensateur*. Le corps de l'homme représenta ainsi *la splendeur dans la substance radicale* qui est restée le centre de la matière. Voilà ce qu'il

---

[1] Genèse, II, 7.

devait être, contrairement à toute rhétorique artificieuse, par les subtilités de laquelle on prétend expliquer son secret.

La chair et le sang ne peuvent entrer dans le royaume des Cieux[1] ; et, dans leur corporisation impure et grossière, ils n'ont pas plus fait partie de la première création qu'ils ne reparaîtront dans la dernière. C'est dans les résultats de sa chute que l'homme prit un corps charnel, *un habit de peau*[2], et qu'il éprouva des besoins qui l'enflammèrent de désirs profanes, et l'éloignèrent du cachet de son origine, sans que pour cela on pût le soupçonner d'avoir jamais appartenu à la souche immonde où une fausse opinion le rattache.

Si on nous oppose la sauvagerie dans les atrocités de laquelle vivent quelques peuples, nous répondrons que cette sauvagerie n'est pas, comme on le croit, la persistance d'un vice originel, mais elle vient et date de la prévarication de l'homme. Et ces hordes, à qui la barbarie n'est point essentielle, en sortiraient si, par des théories bien nuancées et habilement insinuées, elles étaient retrempées dans les jets de la lumière.

Enfin, n'est-ce pas mettre l'Être Suprême au-dessous de ses créatures, que de prétendre qu'il n'a pas, comme nous et mieux que nous, le sentiment d'horreur que nous inspirerait la destruction

[1] 1re Épître aux Corinth. xv. 50
[2] Genèse, III, 21.

de nos enfants?... Et ce sentiment, d'où vient-il, si ce n'est de la conscience, cette voix de Dieu qui nous parle intérieurement et qui, éternelle, ne saurait transiger avec aucun acte dont le néant serait la suite ?

Dieu ne s'amoindrirait-il pas par sa création, si l'homme, *cette effluve* de lui-même, passait comme la fleur, pour se réduire à rien quand la mort l'a frappé ?

XII

En songeant aux oppositions qui fulminent contre ces matières, on pourrait se dire : si l'homme s'anéantit, quel motif important a donc son passage ici-bas ?... Ne serait-ce pas une dérision, un insigne abus, que les fluctuations d'un Dieu qui donnerait aux uns le bonheur, la fortune, la force et la santé, et abandonnerait les autres aux peines, à la misère, à la faiblesse et aux maladies ; qui prendrait ceux-ci à l'âge le plus tendre, et favoriserait ceux-là d'une vie de longue durée, laquelle ne serait encore qu'une pénible condition, si l'homme, après un travail imposé à sa subsistance, après bien des fatigues et des tourments, n'avait d'autre perspective que celle de descendre au fond d'une tombe, pour y devenir un résidu inutile.

Est-ce là l'objet de sa création ? Non ! et c'est plus dignement que l'on doit envisager l'œuvre de Dieu.

La vie était en lui avant qu'aucune créature y participât. Cette vie, non composée et indécomposable, qui n'a pas plus été créée qu'elle ne peut être détruite ; cette vie qui fait mouvoir toutes semences et passe avec elles par les ombres de la mort, pour revivre et se particulariser dans de successives générations ; cette vie, en se transmettant, en se multipliant, ne perd pas l'immutabilité qui lui est propre, ni sa puissance d'action, ni l'étendue de facultés qu'elle exerce par les organes des corps qui la renferment.

Si chez l'homme ces organes n'ont pas atteint leur structure parfaite, la vie se montre à l'état d'enfance, et ne se répand qu'en idées et en désirs d'accord avec les premiers développements des organes. Lorsqu'ils sont arrivés au point où chacun d'eux fonctionne en pleine maturité, selon sa destination, la vie s'épanche alors dans un degré également relatif : vivacité d'esprit, chaleur et fécondité d'imagination, grandeur de sentiments et d'intelligence, perfection de génie, fidélité de mémoire ; tout se révèle, tout s'anime comme les fleurs du printemps.

Puis, quand le désastreux automne vient couvrir

de son linceul cette florissante jeunesse ; quand le temps imprime ses ravages sur les organes, ou qu'il en épaissit et en trouble les fluides, la vie n'ayant plus que de chétives bases de manifestations, s'assoupit en proportion de la caducité qui survient au corps et finit par ne plus laisser voir qu'un affaissement complet.

Pourtant, cette vie qui semblait s'éteindre, que l'on croyait usée, n'a rien perdu de sa vigueur ni de son activité ; elle est toujours la même ; et lorsqu'au terme de son cours temporel, la mort met fin à l'incarcération qui la retenait captive dans son corps en ruine, dans cette matière où s'étaient paralysés tous ses efforts, tous ses élans, elle rentre dans sa liberté absolue et remet, dans un jeu régulier, les facultés qui lui sont inhérentes : l'aveugle voit, le sourd entend, le fou, l'idiot revient à la lucidité, etc., puisque ces privations dont ils souffraient n'étaient dues qu'à des organes devenus malades, faibles ou défectueux, dans lesquels la vie ne pouvait plus se produire qu'imparfaitement.

Après la vie vient le corps ; s'il affronte les épreuves de la mort et doit rentrer dans sa perfection originelle, c'est parce qu'il en a conservé le ferment, opérateur de cette transformation.

Dans tous, il y la *la substance radicale* où la vie fut enclavée dans le principe.

Cette substance ne se détruit ni par le temps, ni par la décomposition, ni dans l'action du feu le plus violent. Elle est le véhicule de la vie, dont la subtilité et la pureté ne permettraient pas son adhésion ni son maintien dans la matière brute et impure, sans *un milieu* au moyen de jonctions inaltérables.

Ce milieu, cette substance, est *le levain* qui changera en soi la masse ou le grossier, après que ce grossier et corruptible aura pourri, et sera descendu au plus bas degré de sa dissolution.

Nous pourrions, ici, exposer des découvertes qui surprendraient, si ce n'était pas dépasser le but que cet opuscule doit atteindre avant tout.

On verrait que le système *de désagrégation du groupement des atomes*, FIN DE TOUTE MATIÈRE, appartient à une érudition que la nature ne connaît pas.

Le corps de l'homme étant donc soumis au travail de cette excellente ouvrière, et livré à une longue putréfaction qui le dégagera de ce qu'il a de matériel, d'impur, d'hétérogène ; dans la poussière de cette destruction, il se reformera sous un autre aspect, et ressuscitera pour le triomphe des bons et l'ignominie des méchants. *Ce corps, comme une semence, étant mis en terre plein de corruption, ressuscitera incorruptible. Étant mis en terre tout difforme, il ressuscitera tout glorieux. Étant mis en terre privé de mouvement, il ressuscitera plein de vigueur. Étant mis en terre corps animal, il ressuscitera corps spirituel* [1].

[1] Ire Épître aux Corinthiens, xv, 42.

Les particules qui le composent seront élevées à une unification d'essence qu'elles n'ont pas, et l'éclat que nous a montré *l'Homme-Dieu,* dans sa transfiguration, se manifestera en lui.

Cette *magie divine,* comme on pourrait l'appeler, semble très récusable, et nos chimistes ne manqueraient pas, si elle était soumise à leur contrôle, de se prévaloir de l'impossibilité qu'ils y verraient, pour la traiter de conte, comme ils font de l'Écriture Sainte qu'ils ne comprennent pas davantage. Mais combien n'y en a-t-il pas, même dans la nature, qui sont inconnues et incroyables à beaucoup de personnes, quoique pour d'autres, mieux initiées, leur réalité ne laisse aucun doute.

Pour ce qui est de la reconstruction de l'homme tel que nous venons d'en crayonner un aperçu, nous convenons qu'elle est un oracle incompatible avec les lumières du monde. Seulement, cette reconstruction ayant une grande conformité avec celle où s'élève la matière, *par certains procédés* qu'il serait inopportun de décrire ici, nous faisons peu de cas des objections qu'*au nom de la science* on pourrait nous opposer à ce sujet.

Et comme les indices que nous possédons nous ont démontré que l'individualité d'un être ne comportait aucun alliage avec celle de tout autre, sans qu'il en résulte de monstrueux amalgames qui, dans l'homme, s'accuseraient par le plus horrible désordre, c'est donc distinctement que le corps de chacun sera rappelé à son entité, par le rapprochement des parties divisées de sa substance radicale, que la vertu de la terre retient, et qu'une affinité, une puissante attraction et les tourbillons de la nature rassembleront.

XIII

Maintenant, que les amateurs du néant soutiennent que les corps ou la matière aboutit à rien, et que, pour s'appuyer de témoignages irréfutables, ils veulent bien opérer sur elle quelque manipulation, si dévorante qu'elle soit ; nous affirmons à l'avance que leur pratique, loin d'être en faveur de ce qu'ils chercheront à rendre palpable, ne fera qu'apprendre quelle confiance on doit avoir dans ce qu'ils disent ou dans ce qu'ils font. Au lieu de détruire le sujet qu'ils auront mis en œuvre, ils le volatiliseront, le putréfieront ou le changeront en cendre qui peut devenir végétale ; ils l'introduiront ainsi dans le chemin de l'immortalité ; et si, après l'avoir *délié* et purifié, le moyen de le *relier*, en lui rendant ses constituants volatils préalablement extraits, se présente à leur intelligence, ils cesseront de protester et justifieront eux-mêmes la certitude qui nous est acquise : que toute matière revient à *l'essence parfaite* qui est restée la perle de son origine ; *essence fixe, diaphane, fusible,* et d'une *suavité de parfum* dont rien n'approche.

Mais ce serait sortir de notre cadre que d'entamer sur cette merveille et sur l'emploi qu'on en peut faire un enseignement qui serait l'objet d'un ouvrage spécial.

Ceux qui, par un secret attrait et un travail assidu, entreront dans la VOIE DE LA SCIENCE DIVINE et exploreront toutes ses ramifications, en apprendront assez, et conviendront avec certitude que les doctrines matérialistes ne tiennent qu'à une présomption de la plus crasse ignorance, qui ne sait même pas en quoi consiste la matière et ne l'apprécie que par ce qu'elle a de sommairement visible, quoiqu'elle se montre sous des aspects non moins intéressants, dans *sa mort* où son centre est mis à jour, et dans *sa résurrection* qui rappelle l'être à ce qu'il était, ou, sous l'action des influences célestes, le refait dégagé de ses mélanges hétérogènes et exalté dans sa substance et dans ses vertus et qualités.

Voilà ce qui est inconnu des hommes qui n'ont pas fouillé ingénieusement dans la nature, qui n'en ont pas observé les tendances ni pratiqué les opérations autres que celles factices de sa sœur bâtarde, la chimie vulgaire. Ces hommes restent étrangers aux changements qui sont en dehors et au-dessus des lois extérieures de la matière.

Quant à leur incrédulité pour tous ces principes,

elle est injustifiable. On leur montre la vérité par la science, et ils se plaisent à la combattre comme à tâche ; par ce qu'on appellerait des aberrations d'idées et de jugement.

Il est vrai qu'en se posant ainsi *en esprits forts,* ils entrent dans la catégorie des LIBRES PENSEURS. Ils figurent rayonnants dans ces groupes d'hommes *qui se disent affranchis de tous scrupules religieux et de toutes fausses lumières.*

Disons que ces aiglons qui veulent planer sur le monde, ne se doutent pas que la dénomination de *libres penseurs,* qui leur paraît si ample et si distinguée, n'est que l'enseigne *de l'aveuglement et de l'esclavage où rampe la pensée humaine sous l'empire des passions.* C'est là une très fidèle traduction de ce non-sens, dans le terrain où il a pris naissance.

La *libre pensée* appartient à tous les hommes indistinctement. Tous pensent sans contrainte, d'une façon ou d'une autre.

Pour que cette *libre pensée* puisse être une qualification non ridicule chez ceux qui se font de ce mot une propriété, il ne faudrait donc pas qu'elle fût une divergence de la raison, ni la complice des dérèglements d'un cœur flétri, d'un esprit égaré, d'un caractère frivole, comme on le constate chez la multitude des *libres penseurs.* Il serait indispensable, au contraire, qu'elle fût un titre au sentiment vivace de ce qui est juste, sérieux, grand et beau.

Or, ce sentiment qui ne se prononce pas pour telle chose ou pour telle autre, à l'exclusion arbitraire de celle-ci ou de celle-là ; ce sentiment qui embrasse et s'intéresse à tout, n'existe que là où réside son principe ; et on ne trouve de sagesse, de justice et de vérité, que chez ceux qui s'élèvent au-dessus de la personnalité humaine, de ses petitesses, de ses étroitesses, pour *s'universaliser* et arriver à une dilatation où, sans équivoque, ils jouissent de la *vraie liberté.*

Peut-on appeler *libres,* des pensées ou des sentiments qui sont dupes de leurs préjugés et de leur animosité?... n'est-ce pas dérisoire, et des idées sont-elles libres quand, par méthode, par aversion ou prévention, elles sont obligées de se rétrécir pour se confiner dans une étroite enceinte ?

Tel est pourtant le joug auquel s'astreignent les héros de la *libre pensée,* armés des doutes qui les rendent servilement leurs maîtres. Repliés dans leur suffisance et cimentés dans l'erreur, ils écartent tout ce qui n'est pas au diapason de leur manière de voir : c'est là ce qu'ils appellent *liberté.* Et de cet asservissement qui échappe à leur sagacité, ils tirent une gloire abusive et un droit dont ils croient pouvoir disposer : celui d'insulter la religion, la jugeant d'après les naïvetés ou les infractions des dévots, qu'ils ne manquent pas de salir dans ces occasions, en les surchargeant des plus détestables calomnies.

Cependant, sans vouloir justifier le mal, quel est celui dont la marche est régulièrement droite, et l'état moral absolument parfait ?... Il y en a peu, même parmi les *libres penseurs*. Aussi, au lieu de dénigrer ce qui, à tous égards, est digne de vénération, au lieu de déchirer les gens qui mettent en Dieu leurs espérances, notre avis est que, pour honorer la distinction dont ils se parent, ils feraient mieux d'imiter l'industrieuse abeille, et, par une meilleure application de leur pensée et de leur intelligence, tirer *le miel* de toutes sortes de *plantes,* pour le faire servir *aux usages les plus salutaires;* car, figurativement, c'est là le travail que le sentiment du devoir impose à l'homme qui pense selon les lois de sa création.

Maintenant, si la liberté, qui fait le vrai mérite, est une chose sacrée, la foi ne l'est pas moins; et en supposant que les *libres penseurs* aient des motifs que nous ne connaissons pas, pour répudier cette foi de tout ce qu'enseigne la religion, ils devraient comprendre que, n'étant pas préposés à la charge d'en éloigner qui que ce soit, leur entreprise, en cela, est de la dernière platitude et de la plus révoltante insanité, puisque, si on lui donnait cours, elle nous reporterait graduellement à la vie de licence, à la vie païenne, animale où nous étions il y a deux mille ans, et dans laquelle sont encore les peuples qui n'ont pas ressenti les influences du Christianisme, dont l'esprit et la lumière les amèneraient à la civilisation et à ses avantages, tout aussi bien qu'ils nous y ont amenés nous-mêmes.

Si actuellement on trouve des qualités évangéliques chez ceux qui professent le matérialisme, s'ils possèdent quelques lueurs de bonne philosophie, c'est que les semences de la religion ont été répandues sur leur enfance et portent des fruits dans leurs différents âges. En sevrant de cette nourriture sacrée les nouvelles générations, les malheureux rejetons à qui on croit en cela rendre un si beau service, plus tard, semblables aux peuples non civilisés, ils deviendront des lignées aveugles, immorales, et peut-être imbéciles, comme ils resteraient des bourriques si l'instruction de l'école leur était retranchée.

XIV

Aujourd'hui l'athéisme est le culte des masses ; le néant est leur dieu vénéré. Idole de l'idiote pensée, ce dieu voit élever ses temples, apparaître ses autels et ses encenseurs. L'infamie use de tous ses moyens pour lui faire prendre place dans les cœurs de la jeunesse, et ceux qui s'occupent du vrai Dieu et des choses divines, sont *des déclassés dans la société moderne !...* Les bas-fonds, la bave, la partie odieuse du peuple voudrait vivre affranchie de tout travail, de toute contrainte et pratiquer les forfaits dont chez elle une capitulation de conscience bannit la honte.

Cette bourbe réclame publiquement *l'abolition du clergé et des cultes, la suppression de la magistrature, de l'armée et de la police, le partage de la propriété et la répartition entre tous du capital ;* en un mot, c'est sur l'ordre social qu'elle dirige ses menaces ; c'est sur son effondrement qu'elle porte ses espérances ! Voilà ce qui se demande résolument dans les réunions des couches corrompues de l'anarchie, qui voudraient trouver les rapines qu'elles convoitent et l'essor de leur bestialité dans un bouleversement général.

Le Christianisme, sagement expliqué, sorti de dessous le boisseau où il est tenu caché, comme s'il était le privilège de quelques-uns et non le bien de tous les hommes, le Christianisme présenté dans les lumières de la science pourrait faire contrepoids à ce retrait de bon vouloir qui se remarque chez les ignorants.

Et qui sait si des réfractaires d'une meilleure trempe n'y trouveraient pas une vitalité féconde, et si ce Christianisme ne deviendrait pas pour eux aussi *une imposante vérité ?* Qui sait s'ils ne se demanderaient pas comment, en dehors des mêmes inspirations qu'il transmet à tous les cœurs pieux, comment il serait possible, comment il serait croyable qu'un mensonge, s'il en était un, eût le pouvoir d'éterniser une manière d'être ou des réformes favorisant toutes les sources du bonheur et de la prospérité; comment il se pourrait qu'un mensonge, si bien concerté et si bien protégé qu'il soit, pût passer de siècle en siècle sans s'altérer, sans se contredire, sans se mettre en évidence ou sans qu'aucun dénonciateur sérieux vienne le citer à sa barre, pour l'accuser hautement à la face du monde entier.

Nous laissons juges de cette question ceux qui connaissent la fragilité du mensonge et qui savent, sans méprise, en distinguer la livrée bariolée et changeante.

La religion, connue dans ses seules apparences, a toujours eu et aura toujours des détracteurs. Cependant, depuis qu'on la prêche, quoiqu'on n'en donne que la lettre, aucun des oracles qui l'ont combattue n'a pu la vaincre, parce que la supériorité que, dans cette lettre, elle possède à son honneur, est mieux appréciée et mieux goûtée que la folle éloquence qu'on lui oppose, laquelle se perd toujours dans l'abandon où son but détestable la réduit.

Les seuls passages qui ont eu du retentissement dans les livres antichrétiens, sont ceux de la vérité se faisant rendre hommage par la plume de ses ennemis. Tels sont les aveux échappés à Jean-Jacques Rousseau, dans ses LETTRES A ÉMILE, et que nous prenons plaisir à retracer comme une digression estimable de cet auteur et un coup porté dans le vif à l'impudent scepticisme.

« Je vous avoue, dit-il, que la majesté des Écri-
« tures m'étonne ; que la sainteté de l'Évangile
« parle à mon cœur. Voyez les livres des philoso-
« phes, avec leur pompe ; qu'ils sont petits auprès
« de celui-là ! Se peut-il qu'un livre tout à la fois
« si sublime et si simple soit l'ouvrage des
« hommes ? Se peut-il que celui dont il fait l'his-
« toire ne soit qu'un homme lui-même ? Est-ce là
« le ton d'un enthousiaste ou d'un ambitieux sec-
« taire ? Quelle douceur, quelle pureté dans ses
« mœurs ! Quelle grâce touchante dans ses ins-
« tructions ! Quelle élévation dans ses maximes !
« Quelle profonde sagesse dans ses discours !
« Quelle présence d'esprit, quelle finesse et quelle
« justesse dans ses réponses ! Quel empire sur ses
« passions !... Où est l'homme, où est le sage qui
« sait agir, souffrir et mourir sans faiblesse et sans
« ostentation ?

« Quand Platon peint son juste imaginaire, cou-
« vert de l'opprobre du crime et digne de tous les
« prix de la vertu, il peint Jésus-Christ trait pour
« trait. La ressemblance est si frappante que tous
« les Pères l'ont sentie et qu'il n'est pas possible
« de s'y tromper.

« Quels préjugés, quel aveuglement ne faut-il
« point avoir, pour oser comparer le fils de So-
« phronisque au fils de Marie ? Quelle distance de

« l'un à l'autre ! Socrate mourant sans douleur,
« sans ignominie, soutint aisément jusqu'au bout
« son personnage ; et si cette mort n'eût illustré sa
« vie, on douterait si Socrate, avec son esprit, fut
« autre chose qu'un sophiste.

« Il inventa, dit-on, la morale ; d'autres avant
« lui l'avaient mise en pratique ; il ne fit que dire
« ce qu'ils avaient fait ; il ne fit que mettre en
« leçons leurs exemples. Aristide avait été juste
« avant que Socrate eût dit ce que c'était que
« la justice. Léonidas était mort pour son pays
« avant que Socrate eût fait un devoir d'ai-
« mer la patrie. Sparte était sobre avant que
« Socrate eût loué la sobriété et avant qu'il eût
« défini la vertu ; la Grèce abondait en hommes
« vertueux. »

« Mais où Jésus avait-il puisé chez les siens cette
« morale pure et élevée, dont lui seul a donné les
« leçons et l'exemple ? Du sein du plus affreux fa-
« natisme, la plus haute sagesse se fit entendre, et
« la simplicité des plus héroïques vertus honora
« le plus vil de tous les peuples. »

« La mort de Socrate, philosophant tranquille-
« ment avec ses amis, est la plus douce qu'on puisse
« désirer. Celle de Jésus expirant dans les tour-
« ments, injurié, raillé, maudit de tout un peuple,
« est la plus horrible qu'on puisse craindre. »

« Socrate, prenant la coupe empoisonnée, bénit
« celui qui la lui présente et qui pleure. Jésus, au

« milieu d'un supplice affreux, prie pour ses bour-
« reaux acharnés. Oui, si la vie et la mort de So-
« crate sont d'un sage, la vie et la mort de Jésus
« sont d'un Dieu. »

« Dirons-nous que l'histoire de l'Évangile est in-
« ventée à plaisir? Mon ami, ce n'est pas ainsi qu'on
« invente, et les faits de Socrate, dont personne
« ne doute, sont moins attestés que ceux de Jésus-
« Christ. Au fond, c'est reculer la difficulté sans
« la détruire ; il serait plus inconcevable que plu-
« sieurs hommes d'accord eussent fabriqué l'Évan-
« gile, qu'il ne l'est qu'un seul en ait fourni le sujet.
« Jamais des auteurs juifs n'eussent trouvé ni ce
« ton ni cette morale ; et l'Évangile a des caractè-
« res de vérité si grands, si frappants, si parfai-
« tement inimitables que l'inventeur en serait plus
« étonnant que le héros. »

C'est ainsi que Jean-Jacques, réveillé un instant par les vrais sentiments de la vie, a entrevu combien, en regard de l'Évangile et de son Auteur, étaient mesquines et déplacées les réfutations des incrédules.

Et après Jean-Jacques, qui n'est recommandable que dans de rares passages, que deviennent donc tant d'hommes qui ne se sont jamais démentis, célèbres autant par leurs vertus que par leur savoir ; et qui, sur les lumières, la grandeur et les bienfaits du Christianisme, nous ont laissé, à différentes époques, des chefs-d'œuvre incomparables.

Ces hommes, Bossuet, Fénelon, saint Augustin, Chateaubriand, Lacordaire, Pascal, saint Martin, Lamennais, les abbés Duguet et d'Asfeld, Mgr de Ségur, etc., ont eu, comme chrétiens, une renommée assez bonne pour que beaucoup, à défaut de science, trouvent une grande sécurité à s'associer aux croyances dont ils ont laissé de si touchants témoignages.

Mais malgré le talent et la piété qui les distinguaient, ces hommes sont implicitement jugés et taxés de crétinisme par nos coryphées modernes; eux qui, doublés d'une insipide médiocrité, se croient les seuls sages, les seuls éclairés et les seuls qu'il faut écouter, parce que la bonne intention qui les pousse est *de régénérer le monde* par une méthode dégagée de toute obligation envers Dieu et appaisant tous les aiguillons de la conscience.

Aussi, quand l'un d'eux, après avoir exposé *la fausseté du Christianisme et la somme des maux qu'il fait peser sur le genre humain,* rendra indéniables ses moyens de persuasion, nous nous inclinerons bien certainement devant le succès de sa victoire. Mais jusque-là, comme ce ne sont pas de stupides négations ni d'orgueilleuses prétentions qui nous détourneront des connaissances que nous avons reçues à ce sujet, nous pensons devoir persister dans notre foi, *si malsaine qu'on puisse la trouver*, et la fixer de plus en plus, par LA LUMIÈRE que nous poursuivons, qui est l'objet de notre *pensée libre*, et celui vers lequel, selon nous, devraient tendre les efforts de tous les hommes.

C'est en nous livrant avec amour à l'étude de la SCIENCE DIVINE que nous avons vu se dissiper peu à peu les nuages qui, autrefois, obstruaient notre vue comme à tant d'autres, et que, *par expérience* autant que par théorie, nous nous sommes convaincu que cette science est le plus bel ornement de l'esprit et du cœur ; que, par SES RÉSULTATS, elle est le plus grand de tous les biens [1] et que rien ne l'approche dans la vertu qu'elle a DE RENDRE L'HOMME HEUREUX, et d'embellir, en parsemant DES PLUS BELLES FLEURS, la terre de son exil ; laquelle terre, sans les délices compensatoires qu'y apporte cette science, n'est qu'une *vallée de larmes*, où le temps est court pour chacun, où le travail est une peine inévitable, où les plaisirs n'ont d'autres appas que des futilités, où ce qu'on appelle paix et bonheur ne sourit que par instants et pour quelques-uns, où le chagrin est la première impression que l'homme éprouve en naissant, où les pleurs sont le premier signe de vie qu'il donne, et où les tortures de l'agonie précèdent le dénouement d'une existence abattue par les fatigues et les commotions auxquelles elle s'est heurtée.

La science divine s'offre à nous pour adoucir ces amertumes, pour en tempérer le fiel brûlant, en nous introduisant dans un faisceau de lumière,

---

[1] Proverbes, XXIV, 44.

d'espérance, d'admiration et de sentiments ineffables.

Et c'est cette science, cette science de la vie, QUI SANCTIFIE TOUTES LES AUTRES, c'est cette science, LA SEULE qui, sans interruption, fournit de nouveaux sujets à contempler ; LA SEULE que la mort ne retranche pas ; QU'ON NE LAISSE PAS A LA PORTE DE L'AUTRE MONDE, COMME BAGAGE INUTILE, et qui a, au contraire, la prérogative de s'y élargir dans un progrès illimité ; c'est cette science si élevée, et si solidement charpentée, que les *libres penseurs* cherchent à éclabousser en décochant leur venin sur tout ce qui tient au Christianisme. C'est *ce trésor que la rouille ne peut atteindre, que les vers ne peuvent ronger ni les voleurs dérober* [1], qu'il voudraient fouler aux pieds.

Heureusement, cette entreprise est hérissée d'obstacles contre lesquels chaque agresseur vient se briser. En voulant souffler la lumière, affubler la vérité et enrayer la conscience et l'intelligence des hommes, ils comptent les prendre dans leurs engrenages, pour les plonger avec eux dans une nuit sans lendemain ; mais la lutte dans laquelle ils s'acharnent n'aboutit à rien ; ils font ce qu'ils ont fait et répètent ce qu'ils ont dit dans tous les temps, et sans les avoir jamais écoutés, on est las de les entendre. Faibles roseaux qui, dans ce que comprend l'ordre divin, n'ont ni la puissance de dé-

[1] Luc, XII, 33.

truire ni celle d'édifier ; en dehors des nullités qui encouragent leurs efforts, sur quelle chance de réussite et sur quels applaudissements comptent-ils donc ?...

Toutes personnes sensées restant sourdes à leurs diffamations, c'est avec l'ironie et dans la masse des rieurs et imitateurs toujours prêts à se ranger du côté des sarcasmes et des *bons mots*, qu'ils recrutent leurs prosélytes.

Par là, sans augmenter leurs forces, ils grossissent leur nombre, et voilà cette cohorte grouillante qui, sous prétexte de détourner l'homme du fanatisme ou des superstitions et le ramener *à la droite raison*, ne tend qu'à continuer son vide et sa misère en le maintenant dans le cloaque de ténèbres, de mensonges et de corruption où le plonge le chaos du monde. Ce sont là les agissements de ces prétendus réformateurs ; c'est là l'épreuve du genre de répressions et de modifications qu'ils ont le plus grand désir de voir généraliser.

Mais *l'arbre se connaît à son fruit ; on ne cueille pas le raisin sur des épines, ni les figues sur des ronces* [1] ; et tout principe erroné a des résultats également erronés, l'effet étant toujours en identité de rapport avec la cause.

Aussi, quand ces *grands penseurs* dont nous nous occupons ne craignent pas de se prononcer contre des institutions qui sont le pivot autour du-

---

[1] Matthieu, XII, 33, et VII, 16.

quel se déroulent les vertus sociales, il est permis de leur demander *où sont leurs œuvres qui remplaceraient si avantageusement celles qu'ils cherchent à renverser?...*

Vous les connaîtrez à leurs fruits [1]. Par ses actes, par ses pensées, par ses paroles, ses sentiments et ses écrits, l'homme démontre ce qu'il est; de même qu'un objet quelconque, par son odeur, son goût ou sa forme, révèle sa nature, sans qu'un aveugle même puisse s'y tromper.

C'est par cette *pierre de touche* que l'on distingue, en toute occasion, ceux qui suivent les sentiers de la lumière d'avec celui qui marche dans l'ombre, ou sous le masque de l'hypocrisie que, sans scrupule, on revêt par ambition, par spéculation, soit pour briller dans le monde, soit pour y acquérir une originalité remarquable, ou une célébrité usurpée.

Les fabricateurs de religions en sont là; hommes tolérants et très élastiques, ils en rédigent pour tous les goûts. Et, on doit le supposer; ces religions, sans préjudice aux quelques belles maximes qu'on y trouve disséminées, ne sont qu'autant d'*hérésies et de projets de confusion*, puisque, dans la force du terme, il n'y a jamais eu, et il n'y aura jamais d'autre religion que CELLE *qui met les êtres en rapport et en harmonie avec* L'UNITÉ ÉTERNELLE *d'où ils proviennent.*

[1] Matthieu, VII, 16.

Il n'existe pas plusieurs manières de s'unir à Dieu; il n'y en a qu'une dont les liens sont dans *la lumière de l'esprit, et dans les devoirs du cœur.* Celui qui s'écarte de cette voie pour faire une religion tamisée au travers de ses préjugés ou de ses passions, est un homme en dehors de toute religion, et à qui, aujourd'hui ou demain, il ne restera de ses principes frelatés, que la déception attachée à l'imposture. C'est *une goutte d'eau sortie de l'Océan, et qu'un rayon de soleil ne tardera pas à dessécher.*

Tel est le cas où se trouvent ceux qui pour émettre des doctrines dont ils veulent se prévaloir du mérite qu'ils envisagent dans leur nouveauté, ont la hardiesse de saper le Christianisme, qui heureusement résiste à toutes les épreuves ; et qui ne perdra jamais rien de sa valeur, quels que soient les coups que la malveillance lui porte.

Si le Christianisme était plus connu, plus goûté et mieux pratiqué qu'il ne l'est, il serait l'heureux correctif de la plus grande partie des maux qui nous accablent. Il existerait plus de sympathie parmi les hommes, plus de généreux instincts dans leurs relations. Le vol et la fraude disparaîtraient du commerce, parce qu'une conscience intègre, irréprochable, accompagnerait toutes les affaires. On montrerait plus de sincérité dans les amitiés. Il y aurait plus de lumière et de sagesse dans les esprits, plus de magnanimité dans les cœurs, plus de patriotisme et moins de personnalité dans les vues politiques. On s'attacherait au pardon des offenses, au rejet de toute haine contre nos semblables. Il est écrit que *nous devons aimer notre prochain comme nous mêmes* [1]; et que Dieu *se servira envers nous d'une mesure semblable à celles dont nous nous serons servis envers les autres* [2].

Enfin, sous l'égide du Christianisme, on verrait plus de tendresse et d'humble respect dans les familles, plus de franche compassion pour les peines d'autrui. On aurait plus de patience à supporter les irrégularités qui se rencontrent dans les caractères. Il s'échangerait plus d'affabilité et de dévouement entre supérieurs et inférieurs. On apporterait plus d'intérêt à soulager les misères, à réprimer les abus, à punir sérieusement le vice et à récompenser la vertu.

Que les *libres penseurs* ou les présomptueux sectaires trouvent donc dans leurs programmes des règles qui rivaliseraient de puissance et d'effets avec celle-là !

Si le Christianisme était le guide des classes laborieuses, elles ne sortiraient pas de la sphère qui leur appartient ; et ne gaspilleraient pas, pour singer les grands, des ressources qui, dans une conduite plus modeste, suffiraient pour les maintenir hon-

[1] Matthieu, xxii, 39.
[2] Marc, iv, 24.

nêtes et les rendre heureuses. Quelques parvenus n'auraient pas la dureté d'oublier les malheureux, ni l'inconvenante idée de croire que les parchemins, l'éclat et l'opulence, leur donnent de l'empire sur tout et leur permettent de dédaigner ou de traiter sans discrétion ceux qui ont été moins favorisés qu'eux à cet égard.

Jésus-Christ en disant qu'*il serait plus facile à un chameau de passer par le trou d'une aiguille, qu'il ne l'est à un riche d'entrer dans le royaume des Cieux* [1], a laissé entrevoir le mépris qu'il attachait à ce mérite imaginaire, le peu de poids qu'il a dans la balance de la justice, l'ombre qu'il projette sur le miroir de la vérité ; combien sont dénués ceux qui n'ont pas d'autre valeur, et le peu d'obstacles que rencontre *la vraie grandeur*, à habiter chez l'homme humble et obscur.

La richesse, néanmoins, n'attire de condamnation que lorsqu'on l'entasse cupidement ou quand on en use selon l'orgueil de la vie. Autrement, si elle rend débitrices des pauvres les personnes à qui elle sourit, elle leur fournit aussi une ressource pour s'acquitter et exercer la bienfaisance, vertu qui part de la noblesse du cœur, de celle qui n'est point illusoire.

Et c'est dans l'esprit de l'Évangile, s'il dominait toutes les positions, que se réaliserait ce beau règne du Christianisme.

[1] Matthieu, xix, 24.

Cette divine harmonie épouvante la fange humaine; aussi elle cherche à l'amoindrir par tout ce que lui suggère sa perfidie.

Dans l'ordre moral comme dans l'ordre physique, aucune base ne produit, qu'en conformité de nature avec l'agent qui la féconde; et quand les facultés intellectuelles n'agissent que dans l'effervescence d'aveugles passions, elles n'appartiennent qu'au mélange désordonné qui les met en mouvement, et l'homme n'affiche plus que l'indifférence ou l'horreur du bien, l'impiété et la criante propagation qu'il s'efforce de leur donner.

C'est ce que prouvent ceux qui ont le cœur fermé aux influences de la vie divine ; *les parasites* se découvrent chez eux, dans les exploits par lesquels ils veulent envahir et étouffer *toutes plantes bienfaisantes*. Et malgré la mauvaise intention qui les pousse, ces fauteurs de l'athéisme peuvent discuter, pérorer, dénigrer : la religion subsiste, et ne souffre que de l'éloignement de ceux qui la profanent. L'action divine se poursuit sans qu'ils puissent en affaiblir la force ni en arrêter le progrès. Et ils n'y mettront pas plus d'entraves qu'ils n'empêcheront le fleuve de couler, l'herbe de croître, l'arbre de fleurir annuellement pour porter ses fruits, ni Dieu de se répandre en bontés pour ses créatures, sans en excepter, *quant à présent*, ceux qui se refusent à comprendre la nécessité de son être, qui nient impudemment ses opérations, et se posent en rhéteurs pédants, pour donner aux choses *des lois conçues dans l'obscurité de leur raison.*

Les faibles, qui ne sont encore *nourris que de lait, et non de viandes solides ; parce qu'ils n'en sont pas capables* [1], qui ne font les pas qu'à demi et qui, faciles à séduire *par de beaux discours*, sont susceptibles de rebrousser chemin ; timides, ils pourront céder à de funestes insinuations ; mais tous chrétiens mûrs et en garde contre les levains qui émoussent les ressorts de la vie et peuvent changer *en poisons* les meilleurs *antidotes ;* tous chrétiens qui ne se laissent pas prendre à la glue de l'éloquence, si belle qu'elle soit, lorsqu'elle n'est qu'un vernis qui recouvre le mensonge ; ceux-là resteront inébranlables, et, animés d'un même esprit et d'un même cœur, ils seront, dans tous les temps, toujours prêts à combattre *les puissances ténébreuses* et à se dévouer pour LE TRIOMPHE DE LA LUMIÈRE ET DE L'ÉTERNELLE VÉRITÉ.

---

[1] Ire Épître aux Corinth., III, 2.

XV

Les hommes qui ne s'attachent qu'à la surface des choses ou qui en entrelacent le fond avec les fibres de leur imagination ne saisiront pas facilement certains passages de cet opuscule.

Par exemple, quand nous disons que *la mort est le commencement de la vie ; que la vie ne s'engendre que dans la mort,* il y en a peu, malgré une preuve matérielle que nous en donnons, qui oseront abonder dans le sens de nos paroles, parce qu'ils ont la certitude bien arrêtée que la mort est la fin de tout, que dans la mort la vie s'éteint, lorsqu'au contraire c'est là que s'ouvre pour elle une autre période, semblable à celle qui l'a précédée, ou qui s'accomplit dans un mode d'existence plus élevé.

C'est sur le secret *de la mort* que toute résurrection est fondée ; et nous ne doutons pas que ceux qui envisagent cette mort comme un passage vers le néant, changeraient bientôt d'avis, s'ils connaissaient l'ordre et le comment la nature opère.

Ils sont très convaincus encore que le printemps est la première saison de la nature ; ce qui est aussi une fausse manière de voir.

C'est en plein hiver que, sous un voile de deuil,

elle commence un mouvement interne dans les végétaux. C'est à cette époque de mort et de ténèbres que se forment les bourgeons des feuilles, ainsi que les embryons des fleurs qui doivent éclore au retour des chaleurs.

Il en est de même dans le règne animal : le temps de la gestation est le premier travail de la nature. La semence de chacun, fécondée et portée en son lieu, passe par la mort et la putréfaction, pendant lesquelles la vie qu'elle contient perd son individualité. Ensuite cette même vie se ranime, pour donner naissance et revivre dans un nouvel être.

La trituration des aliments dans l'estomac est aussi leur mort, leur dissolution et leur fermentation, par lesquelles l'*essence* qu'ils contiennent se vivifie, se sépare du grossier de la matière, pour passer dans le torrent de la circulation et fournir au corps une substance réparatrice.

La mort, cette loi de la matière qui doit reproduire ou alimenter la vie, est une loi divine que nous avons voulu mettre en relief...

Enfin, *l'épouvantable état des âmes damnées*, dont nous avons parlé, *la puissance des attractions* particularisées dans *le désir*, *le futur cataclysme de l'univers*, annoncé par les prophètes, *la régénération de la matière et la reconstruction pure et immuable des êtres*, ont, comme la mort, des mystères qui déroutent la pensée, si pénétrante qu'elle soit.

Mais s'il est des vérités difficiles à reconnaître, la nature nous en signale la possibilité, quand toutefois elle ne nous met pas à même de les comprendre par ses analogies ou autrement.

C'est donc dans la nature, mère de toutes sciences, c'est dans son sein que l'homme doit chercher la nourriture de l'intelligence, de l'esprit et du cœur, comme il y puise celle du corps; c'est dans cet objectif de toutes lumières qu'il doit scruter sans cesse, s'il veut dissiper ses doutes et éclairer sa foi.

1314. — TOURS, IMP. ROUILLÉ-LADEVÈZE, DESLIS FRÈRES, SUCCESSEURS

www.ingramcontent.com/pod-product-compliance
Lightning Source LLC
Chambersburg PA
CBHW060152100426
42744CB00007B/1004